Jörg Schieb

So geht es leichter

REDLINE WIRTSCHAFT

Jörg Schieb

So geht es leichter

Die 400 besten Computertricks für den
Berufsalltag

REDLINE WIRTSCHAFT

Jörg Schieb
So geht es leichter
Die 400 besten Computertricks für den Berufsalltag
Frankfurt: Redline Wirtschaft, 2004
ISBN 3-636-01145-6

Unsere Web-Adresse:

http://www.redline-wirtschaft.de

Umschlag: Init, Büro für Gestaltung, Bielefeld
Coverabbildung: Mauritius Images, Mittenwald
Copyright (c) 2004 by Redline Wirtschaft, Redline GmbH, Frankfurt/M.
Ein Unternehmen der Süddeutscher Verlag Hüthig Fachinformationen
Satz: Redline, M. Zech
Druck: Himmer, Augsburg
Printed in Germany

INHALTSVERZEICHNIS

VORWORT

MIT DEM COMPUTER LÖSEN WIR NUR PROBLEME,
DIE WIR OHNE IHN NIE HÄTTEN.

Die berühmten „bösen Zungen" heißen so, weil sie nun mal gerne spotten. Denn auch, wenn viele erst mal zustimmend nicken, wenn sie das Zitat hören, weil jedem garantiert einige aktuelle Probleme mit Hardware oder Software einfallen: Der Computer sorgt keineswegs nur für Probleme, sondern löst auch viele. Ich finde: Er löst eindeutig mehr, als er verursacht.

Mit Hilfe des PCs lassen sich Aufgaben bewältigen, die sich ohne ihn niemals stemmen ließen. Computer können nicht nur wunderbar schnell rechnen, sondern behalten selbst bei großen Datenmengen den Überblick. Sie ordnen und sortieren, kalkulieren und prognostizieren – und stellen auf Wunsch auch noch alles ansprechend grafisch dar. Alles auf Knopfdruck.

Natürlich gibt es auch einige Schattenseiten. Wer hätte sich nicht schon mal darüber gewundert, dass kein Papier aus dem Drucker kommt – oder dass alles zu lesen ist, nur garantiert das nicht, was eigentlich ausgedruckt werden soll? Wer hätte nicht schon mal Probleme mit „Gerätetreibern" gehabt oder eine Funktion oder Option nicht gefunden, die irgendwo in den Untiefen der Menüs und Klappdialogboxen versteckt ist? Oder über plötzlich verloren gegangene Daten geflucht...

Keine Frage: Computer machen zweifellos auch Kummer. „So geht es leichter" will diesen Kummer verringern. Mit Tipps und Tricks, die garantiert in keinem Handbuch stehen. Oder dort zwar stehen, aber unauffindbar sind – oder unverständlich formuliert. Ich zeige Ihnen in diesem Buch, wie sich typische Alltagsaufgaben mit wenigen Handgriffen ganz leicht und bequem meistern lassen. 400 bewährte Tipps und Tricks. Probleme lösen sich ruckzuck in Luft auf. Erfolgserlebnisse sind garantiert. Das Arbeiten am PC macht plötzlich Spaß. So manches geht leichter und schneller von der Hand.

Genau das ist das Konzept der „So geht's leichter"-Reihe, die seit Anfang 2001 im Handelsblatt erscheint, börsentäglich auf der Seite von „Technik & Innovation". Kurze und prägnante Tipps, die helfen, Probleme zu bewältigen oder mehr aus dem Computer herauszuholen. Garantiert so formuliert, dass sie jeder versteht – ohne unnötigen Technikschnickschnack. Niemand muss sich in Bereiche des Betriebssystems oder Computer begeben, die er nicht kennt. Unsere Tricks funktionieren garantiert mit „Bordmitteln".

Die Handelsblatt-Rubrik ist bei treuen Lesern ausgesprochen beliebt – was mich sehr freut. Zu verdanken ist das aber vor allem einer Person: Hans Schürmann, Redakteur beim Handelsblatt. Er hatte damals die Idee für eine „leicht verständliche Rubrik, die Menschen zeigt, wie sie ihren PC optimal nutzen" (so hat Hans Schürmann das mal am Telefon formuliert). Deshalb sage ich an dieser Stelle: Danke für die Idee und die mittlerweile langjährige Zusammenarbeit, die wunderbar funktioniert.

Herzlich bedanken möchte ich mich aber auch bei allen, die dieses Buch möglich und in einer angenehmen Kooperation mit auf den Weg gebracht haben: Allen voran Ursula Artmann, die Cheflektorin bei Redline Wirtschaft, aber auch Ulrich Grasberger, meinem Agenten, der den Kontakt zum Verlag hergestellt hat. Dank auch an Anke Schild, die das Manuskript redigiert hat sowie Astrid Rademacher, sie war beim Anfertigen der Abbildungen behilflich.

Was nun bleibt, ist eigentlich nur noch, auch allen Leserinnen und Lesern viel Spaß bei der Lektüre zu wünschen – mögen viele nützliche und hilfreiche Kniffe für Sie dabei sein.

Eins noch: Allen, denen etwas auffällt oder die Anregungen oder Kritik loswerden möchten, haben jederzeit Gelegenheit dazu: Auf unserer Homepage gibt es ein praktisches Kontaktformular. Außerdem stehen auf der So-geht's-leichter-Homepage ausnahmslos alle veröffentlichten, aber auch jede Menge unveröffentlichte Tipps, Tricks und Hinweise in einer rund um die Uhr erreichbaren Datenbank zur Verfügung.

Kurz und knapp: Wir freuen uns auf Ihren Besuch unter:

www.sogehtsleichter.de

Jörg Schieb,
im September 2004
redline@schieb.de

KAPITEL 1:

COMPUTERBASICS

Computer sind ein äußerst flexibles Werkzeug. Wenn man nur die richtigen Knöpfe drückt und die passende Software benutzt, machen sie wirklich erstaunliche Dinge: Sie berechnen im Blitztempo Daten, spüren Adressen auf, drucken Serienbriefe, präsentieren Grafiken, schneiden Videofilme, zeigen Fotos oder unterhalten einen mit gut gemachten Spielen.

Doch mit der Zeit werden die meisten Computer immer träger. Sie brauchen länger, um ein Programm zu finden. Sie suchen ewig nach den passenden Daten. Oder spucken statt Daten nur noch Fehlermeldungen aus. Was viele für unvermeidliche Alterserscheinungen halten, sind gar keine: Rechner haben keine Verschleißteile und können deshalb mit zunehmendem Alter auch nicht langsamer, träger, schusseliger werden.

In Wahrheit ist lediglich eine gewisse Unordnung dafür verantwortlich, dass die Rechner immer mehr Zeit brauchen, um ihre Aufgaben zu bewältigen. Anfangs sind die Daten auf der Festplatte geordnet, am Ende fliegen sie kreuz und quer auf der Festplatte herum. Der PC muss ewig suchen, bis er alles zusammenhat – und das dauert.

So eine Festplatte ist im Grunde wie ein Schuppen: Wer dafür sorgt, dass alle Sachen ihren festen Platz haben, wird garantiert auch schnell fündig. Wer jedoch immer nur die Tür aufmacht und etwas in den Schuppen schmeißt, dürfte ewig brauchen, bis das Gewünschte gefunden ist. Das gilt genauso für den „Desktop", die sichtbare Arbeitsoberfläche. Auch hier entsteht auf den meisten Rechnern mit der Zeit eine gewisse Unordnung.

Darum sollte jeder Rechner regelmäßig aufgeräumt werden. Jeder sollte sich von alten, nicht mehr benötigten Dateien trennen, Symbole sollten reorganisiert, die Festplattenstruktur auf den neuesten Stand gebracht werden – und schon arbeitet der PC wieder schneller, beantwortet Anfragen so zügig wie am ersten Tag. Und das Tolle: Der Computer ist uns bei der Frischzellenkur sogar behilflich. Er hilft beim Aufräumen.

## 1.	Festplatte aufräumen

Es scheint eine Art Naturgesetz zu sein: Mit der Zeit wird jede Festplatte träge und langsam. Dafür gibt es verschiedene Gründe. Einer ist, dass der Speicherplatz zur Neige geht. Ein anderer ist die zunehmende Unordnung auf der Festplatte. Doch die lässt sich beseitigen. Windows stellt zu diesem Zweck das Hilfsprogramm Defrag zur Verfügung, das sich im Programmordner *Systemprogramme* unter *Zubehör* verbirgt.

Nach dem Start erscheint zunächst eine Analyse der Situation. Wird eine Defragmentierung empfohlen und durch Mausklick angeordnet, entrümpelt Windows wirkungsvoll die Festplatte. Das kann zwar eine ganze Weile dauern – macht der Platte aber Beine. Defragmentierung größerer Platten am besten über Nacht ausführen.

## 2.	Ordnung auf dem Schreibtisch

Neues Programm, neues Icon: Auf so manchem Windows-Bildschirm sieht es nach einer Weile aus wie Kraut und Rüben. Unzählige Programmsymbole, die kunterbunt über die Arbeitsfläche verstreut werden. Wer da Ordnung ins Chaos bringen will, kann per Mausklick aufräumen.

Einfach mit der rechten Maustaste auf eine freie Stelle der Arbeitsfläche von Windows klicken, die Funktion *Symbole anordnen* auswählen und danach nur noch festlegen, nach welchem Kriterium die Icons zu ordnen sind. Wer in demselben Menü die Option *Automatisch anordnen* aktiviert (kleiner Haken), stellt sicher, dass es auch künftig kein Chaos mehr gibt. Denn dann sorgt Windows automatisch dafür, dass die Programmsymbole stets in Reih und Glied stehen.

3. Rechnerstart beschleunigen

Jedes Mal dasselbe: Nach dem Einschalten des Rechners surrt erst mal das Diskettenlaufwerk. Erst Sekunden später beginnt der Startvorgang von der Festplatte. Doch die lästige Wartezeit lässt sich verringern: Mit Hilfe der Option *System Boot Up Sequence* im BIOS-Startmenü kann die Reihenfolge festgelegt werden, in der das BIOS nach dem Einschalten nach einem Betriebssystem sucht.

Einfach die Festplatte als Startlaufwerk auswählen, schon ignoriert der Rechner die Diskette – was den Startvorgang spürbar beschleunigt. Das BIOS-Startmenü lässt sich kurz nach dem Einschalten durch Betätigen einer speziellen Taste erreichen, meist [Esc] oder [F1]. Welche Taste das Menü aktiviert, steht nach dem Start auf dem Bildschirm.

4. Aufräumarbeiten auf dem Desktop einstellen

Windows XP will auf der Arbeitsoberfläche (Desktop) für Ordnung sorgen. Deshalb untersucht das Betriebssystem alle 60 Tage von sich aus, ob die auf dem Desktop abgelegten Programme und Verknüpfungen überhaupt noch benutzt werden. Was selten benutzt oder angeklickt wird, landet dabei automatisch im Ordner *Nicht verwendete Desktopverknüpfungen*.

Wer diesen Aufräumeifer eher als lästig empfindet, kann die Funktion jederzeit abschalten: Dazu in der Systemsteuerung die Funktion *Anzeige* und danach *Desktop* aufrufen. Anschließend auf den Button *Desktop anpassen* klicken. Im Bereich *Desktopbereinigung* lässt sich einstellen, ob die automatische Säuberungsaktion gewünscht ist oder nicht.

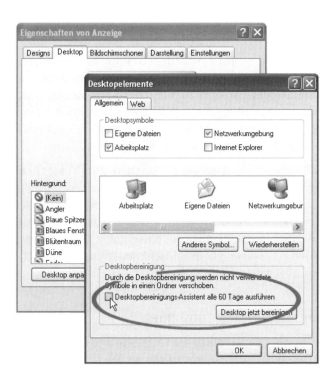

5. Neue Symbole für Verknüpfung

Die Geschmäcker sind verschieden. Deshalb lässt Windows dem Benutzer die Wahl, welche Sinnbilder auf dem Bildschirm erscheinen sollen. Um zum Beispiel das Symbol einer Verknüpfung zu ändern, klickt man das Icon mit der rechten Maustaste an. Danach im Pop-up-Menü die Option *Eigenschaften* anwählen.

Anschließend in der Registerkarte *Verknüpfung* die Schaltfläche *Anderes Symbol* auswählen. Im Dialogfeld präsentiert Windows anschließend alle zur Auswahl stehenden Symbole. Nicht das richtige dabei? Dann die Schaltfläche *Durchsuchen* anklicken und im Feld für den Dateinamen Progman.exe, Cool.dll, User.exe, moreicons.dll oder Pifmgr.dll eingeben. Aus der Fülle der dann zur Wahl stehenden Symbole das passende aussuchen.

6. Alle Symbole aufräumen

Wer häufiger Symbole (Icons) auf dem Desktop herumschiebt, sollte im Interesse einer besseren Übersicht auch dafür sorgen, dass die kleinen Sinnbildchen stets in Reih und Glied angeordnet sind. Denn nur so lassen sich Überlagerungen der Symbole verhindern, wodurch einige sogar unsichtbar werden können. Außerdem kann etwas Ordnung auf dem Bildschirm grundsätzlich nicht schaden.

Falls gewünscht, räumt Windows die Sinnbilder nach jeder Aktion automatisch auf und ordnet sie neu an. Dazu mit der rechten Maustaste auf eine freie Stelle des Desktops klicken und die Funktion *Automatisch anordnen* im Menü *Symbole anordnen* nach aufrufen. Ist die Option aktiviert, sorgt Windows für einen aufgeräumten Bildschirm. Wer eine etwas individuellere Bildschirmordnung bevorzugt, sollte die Option abschalten.

7. Den Programmordner aufräumen

Windows bemüht sich redlich, auf Festplatte und Bildschirm für eine gewisse Ordnung und Übersicht zu sorgen. Für jedes installierte Programm richtet das Betriebssystem deshalb einen eigenen Ordner im

Start-Menü ein. Doch mit der Zeit geraten diese unweigerlich durcheinander, die Übersichtlichkeit leidet dann mitunter erheblich.

Kein Problem, denn auf Knopfdruck lassen sich die Programmordner jederzeit alphabetisch sortieren. Dazu durch Klick auf *Start* und *Programme* (in Windows XP Programme) erst die Übersicht über die Programmordner öffnen. Anschließend mit der rechten Maustaste an eine beliebige Stelle klicken und die Funktion *Nach Namen sortieren* auswählen. Schon erscheinen alle Programmordner in wohltuender Ordnung auf dem Bildschirm – und bleiben auch so.

8. Programme schneller starten

Es ist völlig normal: Einige Programme werden häufiger benutzt als andere. Da ist es praktisch, wenn sie sofort zur Verfügung stehen. Zum Beispiel in der Task-Leiste am unteren Bildschirmrand von Windows 98, Me, XP oder 2000.

Gleich neben der *Start*-Schaltfläche gibt es für diesen Zweck einen *Quickstart*-Bereich. Dort sind bereits mehrere Symbole zu sehen: Der Benutzer kann mit einem Mausklick den Desktop aktivieren oder den Internet Explorer und Outlook Express starten. Wer mag, kann hier aber auch eigene Programmsymbole eintragen.

Dazu muss zunächst über *Start > Programme* das betreffende Programmmenü aufgeklappt werden. Wenn der Eintrag des gewünschten Programms erscheint, bei gedrückter [Strg]-Taste das Programmsymbol auf die Quickstart-Leiste ziehen und dort wieder loslassen. Sofort erscheint ein neues Programmlogo.

9. Mehr Auswahl im Start-Menü

Windows-Benutzer, die auf *Start* klicken, bekommen jede Menge Funktionen und Ordner präsentiert. Besonders auf tragbaren Computern mit geringer Bildschirmauflösung lässt sich oft nicht alles gleichzeitig darstellen – der Benutzer muss im Angebot scrollen. Doch die Kapazität des Start-Menüs lässt sich problemlos erweitern.

Dazu mit der rechten Maustaste auf eine freie Stelle innerhalb der Task-Leiste am unteren Bildschirmrand klicken. Im Menü die Funktion *Eigenschaften* auswählen. In der anschließenden Dialogbox die Option *Kleine Symbole im Menü Start anzeigen* aktivieren. Dadurch schrumpfen die Symbole auf Minigröße. Groß genug, um noch erkannt zu werden – aber klein genug, damit mehr auf den Bildschirm passt. Zum Abschluss nur noch mit OK bestätigen.

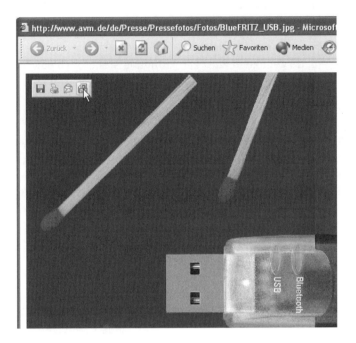

10. Startleiste beliebig positionieren

Windows-Benutzer haben gelernt: Das Start-Menü befindet sich in der linken unteren Ecke, die Startleiste am unteren Bildschirm. Dabei ist niemand gezwungen, es dabei zu belassen. So kann es im Einzelfall durchaus praktischer sein, *Start*-Menü und Startleiste woanders zu platzieren.

Dazu mit der Maustaste auf eine freie Stelle in der Startleiste klicken und sie bei gedrückter Maustaste an den linken, rechten oder oberen Bildschirmrand ziehen. Sobald die Maustaste losgelassen wird, nimmt die Startleiste die neue Position ein. Genauso einfach lässt sich auch die Größe der Leiste verändern: Einfach bei gedrückter Maustaste den äußeren Rahmen verschieben und so die Breite oder Höhe der Leiste bestimmen.

11. Ganz ohne Uhrzeit

Die Anzeige der Uhrzeit in der rechten unteren Ecke des Windows-Bildschirms in der Startleiste ist auf Tischrechnern eher selten ein Problem, da genügend Platz zur Verfügung steht. Doch auf Bildschirmen oder Displays tragbarer Geräte wird die digitale Uhr mitunter als unnötige Platzverschwendung empfunden.

Wer den Platz lieber für Programmsymbole nutzen möchte – es lassen sich ohne weiteres zwei Symbole mehr darstellen –, kann die Uhrzeit jederzeit ausblenden. Dazu mit der rechten Maustaste auf die Startleiste klicken und *Eigenschaften* auswählen. Anschließend die Option *Uhr* anzeigen deaktivieren. Mit *Übernehmen* die Korrekturen übertragen und durch OK bestätigen. Danach verschwindet die Uhrzeit aus der Startleiste.

12. Altes Windows-Outfit

Über Geschmack lässt sich bekanntlich streiten. Vielen Benutzern von Windows XP gefallen die grellen Farben und klobigen Knöpfe der neuen Benutzeroberfläche nicht. Kein Problem, denn Windows XP kann optisch einen Gang zurückschalten – und das alte Layout wieder hervorzaubern. Dazu mit der rechten Maustaste auf eine leere Stelle am Desktop klicken und anschließend *Eigenschaften* wählen.

Zurück zum alten Outfit geht es über den Listeneintrag *Windows – klassisch*. Nach ein paar Sekunden erscheint Windows im alten Gewand. Das frühere

Startmenü präsentiert Windows XP, wenn auf eine leere Stelle in der Task-Leiste geklickt und im Register *Startmenü* die Option *Klassisches Startmenü* aktiviert wird.

13. Altes Windows vorgaukeln

Manche Programme, vor allem Spiele, fragen noch vor der Installation die vorhandene Windows-Version ab. Sollte ein anderes Betriebssystem als Windows 95 oder 98 vorhanden sein, verweigern sie mitunter die Installation – selbst unter Windows XP. Falls solche Schwierigkeiten unter Windows XP auftreten, kann der *Programmkompatibilitäts-Assistent* im Ordner *Zubehör* weiterhelfen.

Das Programm kennt die Erwartungen zahlreicher Programme und gaukelt ihnen bei Bedarf ein anderes Betriebssystem vor. Zur Auswahl stehen Windows 95, 98, NT, Me und 2000. Außerdem lassen sich manuell bestimmte Systemeinstellungen vornehmen, etwa falls das Programm nur in einer bestimmten Bildschirmauflösung aufgerufen werden darf.

14. Virtuelle Tastatur

Erstaunlich, was Microsoft alles in seinem Betriebssystem Windows XP versteckt – ohne jemandem davon zu erzählen. Zum Beispiel eine virtuelle Minitastatur, die in keinem Menü auftaucht. Um sie zu benutzen, einfach die Funktion *Ausführen* im *Start*-Menü aufrufen und OSK eintippen. Schon erscheint die Minitastatur auf dem Bildschirm. Sie kann mit der Maus bedient werden, etwa um Zeichen einzugeben.

Als besonders praktisch erweist sich die Bildschirmklaviatur vor allem dann, wenn ab und zu auch mit ausländischen Tastaturbelegungen gearbeitet wird. Denn die in Windows XP enthaltene Bildschirmtastatur zeigt immer die gerade von Windows verwendete Tastaturbelegung und ist so zum Beispiel beim Auffinden von Sonderzeichen behilflich.

15. Vermisste Bedienleiste reaktivieren

Wer die aus älteren Windows-Versionen vertraute Schnellstartleiste im neuen Windows XP vermisst, sollte wissen: Sie ist keineswegs verschwunden, sondern lediglich gut versteckt. Um sie unter Windows XP zum Vorschein zu bringen, mit der rechten Maustaste am unteren Bildschirmrand in die Task-Leiste klicken, die Funktion *Eigenschaften* auswählen und anschließend die Option *Schnellstartleiste anzeigen* aktivieren.

Schon erscheinen die vertrauten Symbole für besonders wichtige Programme, die durch einfachen Mausklick gestartet werden können. Vorteil: So steht auch die Funktion *Desktop anzeigen* wieder zur Verfügung. Ein Klick darauf, und alle Fenster verschwinden vom Bildschirm.

16. Mauspfeil immer zur Stelle

Je größer der Bildschirm und je höher die Auflösung, umso schwieriger lässt sich der Mauspfeil dirigieren. Zumindest in Dialogboxen gibt es Erleichterung. Windows bietet auf Wunsch einen *SmartMove* genannten Service: Der Maucursor erscheint dann automatisch grundsätzlich auf der standardmäßig vorgesehenen Schaltfläche.

Um die Funktion einzuschalten, *Start > Einstellungen > Systemsteuerung* wählen, doppelt auf Maus klicken. SmartMove verbirgt sich im Register *Bewegung*. Dort kann die Funktion jederzeit ein- und ausgeschaltet werden. Wer noch mehr Komfort wünscht, sollte den Maustreiber der Firma Logitech (www.logitech.de) laden, der auch mit Mäusen anderer Hersteller funktioniert.

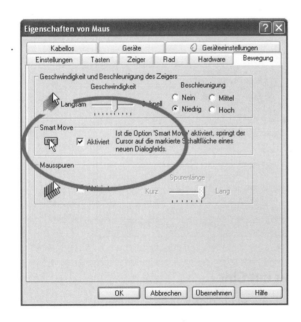

17. Die richtige Auflösung wählen

Gewöhnliche Röhrenmonitore kommen mit jeder Bildauflösung klar. Schlimmstenfalls muss der Benutzer ein paar Einstellungen vornehmen. Bei flachen TFT-Bildschirmen sieht das anders aus. Für sie gibt es eine optimale Bildauflösung, in der alles scharf und akkurat erscheint. Wählt man eine andere Auflösung, entstehen hässliche Treppeneffekte, das gesamte Bild erscheint unscharf.

Hintergrund: TFTs besitzen für jeden Bildpunkt ein separates Pixel. Wird eine andere als die Standardauflösung verwendet, muss der Monitor die zusätzlichen Punkte simulieren, was zu Unschärfen führt, vor allem bei Schrift. Aus diesem Grund sollten TFT-Bildschirme wenn möglich nur in ihrer optimalen Auflösung betrieben werden.

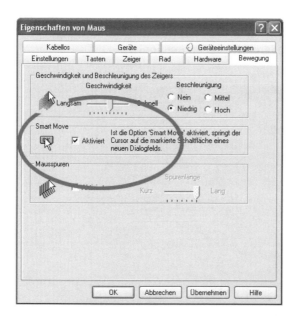

18. Media-Player mit Chic

Der Windows-Media-Player ist zwar ein vielseitig einsetzbares Programm, nimmt allerdings viel Platz auf dem Bildschirm in Anspruch. Der dänische HiFi-Hersteller Bang & Olufsen, bekannt für schickes Design, hat eine ansprechende Oberfläche für den Media-Player gestaltet.

Der *Beoplayer* versteckt sich elegant am Rand, wenn er nicht benutzt wird. Sobald der Mauscursor in die Nähe kommt, klappen die Funktionen automatisch seitlich heraus. Schick, edel und praktisch. Außerdem enthält das Programm eine Playlist-Funktion, die nach der Installation automatisch nach allen Media-Dateien auf der Festplatte sucht. Wer Interesse hat, kann den Beoplayer kostenlos unter www.beoplayer.com laden.

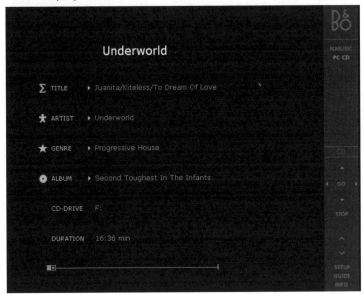

19. Komfortabler Bildbetrachter

Die im Windows Explorer serienmäßig eingebaute Funktion *Miniaturansicht* kann lediglich gängige Bildformate auf dem Bildschirm darstellen, etwa Bilder mit der Endung .JPG oder .BMP. Wer schon mal in andere Bildformate reinschauen möchte, braucht eine Zusatz-Software wie IrfanView, die es unter www.irfanview.com kostenlos zum Herunterladen gibt. IrfanView beherrscht unzählige Bildformate und kann sogar mit Multimediadateien umgehen.

Praktisch ist der so genannte *Batchbetrieb*: Damit lässt sich mit wenigen Mausklicks eine beliebig lange Liste von Dateien komfortabel umbenennen oder in ein anderes Format oder eine andere Bildgröße konvertieren. Eine Funktion, die viele Kaufprogramme vermissen lassen.

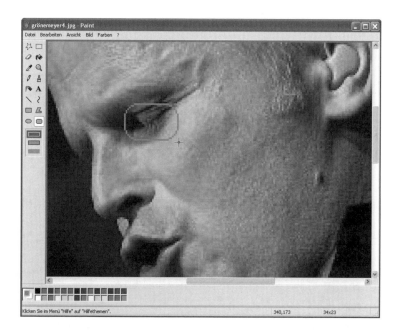

20. Namenlose Bilder

Der Windows Explorer von Windows XP präsentiert die in einem Ordner gespeicherten Fotos auf Wunsch in einer praktischen Miniaturansicht. Dazu zuerst den gewünschten Ordner und anschließend im Menü *Ansicht* die Option *Miniaturansicht* auswählen. Ideal, um sich einen Überblick über die gespeicherten Fotos zu verschaffen.

Wer auf die gleichzeitig präsentierten Dateinamen jedoch verzichten kann, klickt den Ordner am besten bei gleichzeitig gedrückter [Shift]-Taste an. Die Dateinamen verschwinden augenblicklich. So passen mehr Bilder gleichzeitig auf den Bildschirm.

Windows merkt sich diese Einstellung für den betreffenden Ordner dauerhaft. Um die Bilder im Ordner wieder mit Dateinamen zu zeigen, kurz einen anderen Ordner auswählen und anschließend wieder mit [Shift] anwählen. Auf diese Weise lassen sich die Dateinamen beliebig ein- und ausschalten.

21. Automatische Updates ausknipsen

Windows XP prüft automatisch in regelmäßigen Abständen, ob mittlerweile Aktualisierungen und Erweiterungen angeboten werden. Sollte das der Fall sein, erscheint eine Sprechblase mit einem entsprechenden Hinweis auf dem Bildschirm. Diskret, aber doch immer wieder.

Sollten solche Hinweise unerwünscht sein, einfach bei nächster Gelegenheit die Update-Funktion auswählen, dann auf *Einstellungen* klicken und die Option *Den Computer auf dem neuesten Stand halten* abschalten. Denn dann prüft Windows XP nicht mehr automatisch auf mögliche Aktualisierungen. Das muss dann manuell passieren, etwa mit Hilfe der Funktion *Windows Update* im Start-Menü.

22. Strom sparen mit Windows

Notebooks verfügen nur über begrenzte Energiereserven. Deshalb fahren sie nach einer Weile der Inaktivität automatisch die größten Energiefresser herunter, etwa Bildschirm und Festplatte. Wann das passiert, lässt sich in der Systemsteuerung unter *Energie* auf die Minute genau festlegen. Einstellungen, die sich auch für Tischrechner bewähren.

Denn warum sollen Monitor und Festplatte während der ganzen Mittagspause eingeschaltet bleiben? Mit der Energiesparfunktion spart Windows bequem Strom. Der PC fährt die Komponenten nach Bedarf herunter. Und kann sich sogar selbst in den Ruhezustand (Standby) versetzen. Ein kurzes Rütteln mit der Maus oder ein Tastendruck reichen, um den Rechner zu wecken.

23. Ende der Fehlerreports

Aus Fehlern wird man klug: Deshalb haben die Entwickler von Windows XP eine Reportfunktion in das Betriebssystem Windows XP eingebaut, die auftretende Fehler sofort via Internet an die Microsoft-Zentrale melden soll. Folge: Sobald ein Programm abstürzt, präsentiert Windows XP eine entsprechende Dialogbox auf dem Bildschirm.

Wen das stört, der kann die Reportfunktion auch abschalten. Dazu in der Systemsteuerung die Funktion *System* auswählen und anschließend auf *Erweitert* klicken. Hinter der Option *Fehlerberichterstattung* verbergen sich verschiedene Einstellmöglichkeiten, wann Windows XP einen Fehlerbericht verschicken soll und wann nicht. Die Einstellungen sind sofort und dauerhaft wirksam.

24. USB-Anschluss ohne Saft

Moderne Apple-Rechner sind gewöhnlich gleich mit drei USB-Anschlüssen an der Gehäuserückseite ausgestattet. Sie sehen zwar alle drei gleich aus, sind aber unterschiedlich. So ist der USB-Anschluss unmittelbar neben dem VGA-Ausgang (Bildschirm) etwas benachteiligt. Grund: Er teilt sich Controller sowie Stromversorgung mit dem serienmäßig eingebauten Modem, selbst wenn das nicht benutzt wird.

Deshalb empfiehlt Apple, den USB-Anschluss neben dem VGA-Anschluss nur für solche Geräte zu verwenden, die über eine eigene Stromversorgung verfügen. USB-Geräte hingegen, die ihren Energiebedarf aus dem Anschluss beziehen, sollten bevorzugt auf die beiden anderen USB-Anschlüsse gesteckt werden. So lassen sich Engpässe bei der Energieversorgung wirkungsvoll vermeiden.

25. Wenn USB-Geräte mucken

USB hat eine Menge Vorteile: Die meisten Geräte erkennt das Betriebssystem von ganz allein. Anstöpseln genügt. Beim ersten Mal wird nach den nötigen Treiberprogrammen gefragt – danach ist Ruhe. Doch manchmal muckt Windows dann doch. So kann es passieren, dass ähnliche oder baugleiche Geräte für identisch gehalten werden – und in der Folge die nötigen Treiber nicht installiert werden.

Das wiederum kann zu Schwierigkeiten führen. Abhilfe: Den Geräte-Manager aufrufen, der sich im Menü *Start › Extras › Systemsteuerung* unter der Option *System* verbirgt. Dort das alte Gerät entfernen. Anschließend in der Systemsteuerung sofort den *Hardware-Assistenten* starten. Der durchsucht als Erstes die einliegende CD, findet den richtigen Treiber und ordnet ihn korrekt zu.

26. Infos über das BIOS

In jedem Computer ist ein Programm eingebaut, das sich BIOS nennt: Basic Input Output System. Das BIOS sorgt dafür, dass es nach dem Einschalten überhaupt losgeht. Das Systemprogramm aktiviert die Festplatte, zeigt die ersten Meldungen auf dem Bildschirm und startet das Betriebssystem, zum Beispiel Windows.

Im BIOS lässt sich eine Menge einstellen, etwa in welcher Reihenfolge die Laufwerke nach einem Betriebssystem untersucht werden sollen oder wie der verfügbare Speicher genutzt wird. Was genau im BIOS möglich ist, hängt vom einzelnen Computer und vom Hersteller des BIOS ab. Unter www.bios.info.de gibt es jede Menge nützlicher Tipps und Hinweise, wie sich das BIOS bedienen und benutzen lässt. Eine Art Handbuch für das erste Programm in jedem PC.

27. Startdiskette erstellen

Windows stellt auf Wunsch eine Startdiskette zusammen, mit der jeder Rechner hochgefahren werden kann. Allerdings ist diese Startdiskette nicht besonders komfortabel. Das kostenlos erhältliche Programm Ultimate Boot Disk startet den Rechner nicht nur schneller, sondern bietet darüber hinaus jede Menge nützliche Extras.

So werden zum Beispiel Maus und CD-ROM-Laufwerke erkannt und automatisch eingebunden. Das ist wichtig auf älteren Rechnern, bei denen häufig spezielle Treiber notwendig sind. Außerdem sucht das Programm auch nach Computerviren, erkennt Systemfehler, repariert beschädigte Systemdateien und ist bei Startproblemen behilflich. Ultimate Boot Disk ist gratis im Internet unter www.startdisk.com zu bekommen.

28. Schlechter als nötig

Moderne TFT-Flachbildschirme verarbeiten durch die Bank digitale Videosignale. Ein großer Vorteil gegenüber den Röhrenmonitoren, die noch mit analogen Signalen arbeiten. Allerdings kommt der Pluspunkt der flachen Bildschirme nur dann zum Tragen, wenn die Grafikkarte über einen digitalen Videoausgang verfügt, eine DVI-Buchse.

Vor allem preisgünstige Grafikkarten bieten aber ausschließlich einen analogen D-Sub-Anschluss an. Daran lassen sich TFT-Bildschirme zwar auch problemlos anschließen, allerdings bieten sie dann eine geringere Bildqualität, als möglich wäre. In solchen Fällen lohnt die Überlegung, eine neue Grafikkarte mit digitaler DVI-Buchse zu kaufen, denn dadurch verbessern sich Kontrast und Bildschärfe.

29. Seriennummer von Windows

Jede moderne Windows-Version wird über einen weltweit einmaligen Schlüssel freigeschaltet. Der so genannte *CD Key* steht auf der Originalverpackung und sollte an einem sicheren Platz aufbewahrt werden. Denn soll die Software erneut installiert werden, auf demselben Rechner oder einem anderen Gerät (nachdem es vom ersten PC entfernt wurde), muss die Seriennummer wieder eingegeben werden.

Hat man nun die Seriennummer verlegt, wird das schwierig. Doch im Netz gibt es ein praktisches Programm, das den CD-Key ausliest und anzeigt. Einfach unter www.sogehtsleichter.de/seriennummer den *Keyfinder* laden und starten. Wenig später lässt sich die Seriennummer vom Bildschirm abschreiben. Allerdings sollte man den CD-Key niemals weitergeben, da Raubkopierer sie missbrauchen können.

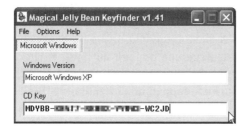

30. Der abgesicherte Modus

Nach dem Einschalten fährt der Computer hoch – Fachleute nennen das *Booten*. Wenn es dabei zu Problemen kommt, kann es mitunter schwierig werden, Probleme verursachende Programme oder Gerätetreiber wieder loszuwerden. In solchen Fällen empfiehlt es sich, den so genannten abgesicherten Modus von Windows zu verwenden. In diesem Betriebsmodus verwendet Windows nur die absolut notwendigen Treiber und Programme; Probleme sind da nahezu ausgeschlossen.

Dazu gleich nach dem Einschalten, wenn die ersten Meldungen des BIOS auf dem Bildschirm erschienen sind, die Taste [F8] drücken und den gewünschten Startmodus auswählen. Im abgesicherten Modus wird eine deutlich geringere Bildschirmauflösung verwendet. Die Bedienung ist etwas träger, dafür stehen aber alle Funktionen zur Verfügung. Von hier aus lassen sich störrische Treiber entfernen oder im Menü *Zubehör > Systemprogramme* das praktische Zusatzprogramm Systemwiederherstellung aufrufen, um einen früheren, intakten Betriebszustand wiederherzustellen.

31. Akku im Notebook schonen

Notebook-Benutzer müssen beim Akku-Betrieb darauf achten, dass nicht mehr Energie verbraucht wird als unbedingt nötig – damit dem tragbaren Rechner nicht zu schnell der Saft ausgeht. Störende Energieverschwender gehören deshalb abgeschaltet. Zum Beispiel die lästige Eigenschaft älterer Windows-Versionen, namentlich von Windows 98 und Millennium, alle paar Minuten zu überprüfen, ob eine CD/DVD im Laufwerk liegt.

Bei dieser Kontrolle beginnt das Laufwerk zu rotieren. Ein paar Sekunden zwar nur, aber das kostet Energie. Unterwegs sollten Notebook-Benutzer Windows diese Ungeduld deshalb besser abgewöhnen. Dazu in der Systemsteuerung doppelt auf *System* klicken und dann für *Geräte-Manager* entscheiden. Im Auswahlbereich CD-ROM das betreffende CD-Laufwerk doppelt anklicken und im Bereich *Ein-*

stellungen die Option *Automatische Benachrichtigung beim Wechsel abschalten*.

Kleiner Nachteil: Wird eine neue CD ins Laufwerk gelegt, startet Windows diese nicht mehr automatisch. Das Programm muss manuell über den Windows Explorer aufgerufen werden (Funktion *Autoplay* im Kontextmenü des CD-Laufwerks wählen). In modernen Windows-Version (XP, 2000, 2003) ist eine solche Einstellung nicht erforderlich.

32. Bequemer Datentausch mit dem Notebook

Viele tauschen wichtige Daten zwischen Notebook und Desktop-PC mit der Diskette aus. Doch diese Methode ist umständlich. Alternative: Das Notebook mit einem Spezialkabel mit dem Tischrechner verbinden, das geht auch ohne Netzwerk. Die nötigen Kabel für die parallele Schnittstelle oder USB gibt es für relativ wenig Geld im Fachhandel.

Die erforderliche Software *Direktverbindung* ist in der Regel in Windows enthalten. Falls sie nicht im Ordner *Zubehör › Kommunikation* zu finden ist, muss das Programm von der Windows-CD nachinstalliert werden. Der Rest ist einfach: Ein Computer wird als *Host* konfiguriert, hier sind die Daten gespeichert, der andere Rechner als Gast, hier kommen die Daten hin. Schon kann der Gast-PC auf alle freigegebenen Verzeichnisse des Host-Rechners zugreifen.

33. Wenn CD-ROMs nicht starten

Eigentlich ist für alles gesorgt: Sobald eine neue CD-ROM ins Laufwerk gelegt ist und diese im Bauch des Rechners verschwindet, sollte das Programm von allein starten. Wenn das auf einem Rechner grundsätzlich nicht passiert, kann das an den Einstellungen liegen. Die *Autostart* genannte Funktion kann nämlich abgeschaltet werden.

Dazu in der Systemsteuerung doppelt auf *System* klicken, dann *Geräte-Manager* auswählen. Vor das Pluszeichen beim Eintrag *CD-ROM* klicken und die Eigenschaften des CD-ROM-Laufwerks anzeigen. Auf *Einstellungen* klicken. Wenn Programme automatisch gestartet werden sollen, muss die Option *Automatische Benachrichtigung* beim *Wechsel* aktiviert sein. Bei Bedarf durch einfaches Anklicken einschalten. Die Einstellung wirkt sich erst nach einem Neustart aus.

34. Folien schützen vor Zerkratzen

Ein falscher Handgriff, schon hat die teure CD-ROM oder DVD den entscheidenden Kratzer zu viel. Die Folge: Das Laufwerk erkennt die gespeicherten Daten nicht mehr. Ein nicht selten kostspieliges Desaster. Doch Datenverlust und unnötige Wiederbeschaffungskosten lassen sich mit einer hauchdünnen Folie wirkungsvoll verhindern.

Diese Folie lässt sich mit wenigen Handgriffen auf jede handelsübliche CD-ROM oder DVD kleben. Sollte die Folie selbst Beschädigungen aufweisen, kann sie jederzeit ausgetauscht werden. Die CDfender und DVDfender genannten Schutzfolien sind im Fachhandel zu bekommen. Fünf Stück kosten 6 Euro, in größeren Stückzahlen wird die Anschaffung etwas günstiger.

35. Gebremstes DVD-Tempo

DVD-Brenner sind ungemein praktisch: Sie lesen CDs und DVDs und sind darüber hinaus auch in der Lage, CDs und DVDs zu beschreiben. Wer einen DVD-Brenner im Rechner eingebaut hat, dem fällt allerdings früher oder später auf: Das Lesetempo des Laufwerks liegt so gut wie immer unter den Herstellerangaben. Vor allem bei selbst gebrannten DVDs scheint das Lesetempo extrem reduziert.

Kein Defekt, sondern absolut üblich. Im Interesse der Datensicherheit reduzieren die Hersteller die Lesegeschwindigkeit. Das angegebene Tempo erreichen DVD-Brenner meist nur auf den äußeren Spuren. Ansonsten liegt das Lesetempo moderner DVD-Brenner in der Regel bei 5- bis 6-fachem Tempo. Bei selbst gebrannten DVDs wird meist nur 2-faches Tempo erreicht. Wer auf hohes Tempo beim Lesen von DVDs Wert legt, müsste also neben dem DVD-Brenner noch ein ganz normales DVD-Laufwerk in den PC einbauen.

36. CDs brennen ohne Datenverlust

Der CD-Brenner will mal wieder keine Musik oder Programme brennen, sondern ruiniert einen Rohling nach dem anderen? Das lässt sich verhindern. Wichtig: Wenn der CD-Brenner arbeitet, sollte kein anderes Programm laufen. Vorher alles schließen. Auch die Verbindung ins Internet kappen. Oft ist auch die Festplatte schuld.

Die sollte optimal aufgeräumt sein. Deshalb regelmäßig defragmentieren. Das Programm dazu findet sich im Programmordner *Systemprogramme*. Außerdem sollten sich alle auf die CD zu brennenden Daten in einem Verzeichnis befinden. Das beschleunigt den Datentransport. Und wer von CD auf CD kopiert, muss sicherstellen, dass das Quelllaufwerk mindestens so schnell ist wie der Brenner. Sonst gibt´s Probleme beim Brennen.

37. Den richtigen Rohling wählen

CD-Brenner wollen mit Rohlingen gefüttert werden. Der Handel hält eine große Auswahl in unterschiedlichen Farben bereit, die keinen direkten Einfluss auf Einsatz und Verwendbarkeit der CDs haben. Ausnahme: CDs mit schwarzer Beschichtung bieten zusätzlichen Schutz vor schädlicher Lichteinstrahlung. Unterschiede gibt es vor allem bei der Speicherkapazität.

Normale CDs fassen 650 Megabyte Daten, manche 700. Auf Rohlinge, die mehr Daten aufnehmen können, sollte besser verzichtet werden. Grund: Ältere CD-Brenner und CD-ROM-Laufwerke könnten streiken. Wer eine eigene Audio-CD herstellen möchte, die in einem gewöhnlichen Audio-CD-Player gespielt werden soll, muss einen speziellen Audio-Rohling kaufen. Beim Abspielen im PC sind die nicht nötig.

38. Verstecktes Backup installieren

Jeder Computerbenutzer ist gut beraten, regelmäßig Sicherheitskopien besonders wichtiger Dateien anzufertigen. So wie frühere Versionen von Windows verfügt auch XP über ein extra Programm, um solche Backups zu erstellen. Allerdings wird das nützliche Hilfsprogramm nicht automatisch eingerichtet; viele denken, es sei gar nicht vorhanden. Wer das Backup-Programm benutzen möchte, muss es nachträglich installieren.

Dazu die Installations-CD von Windows XP herauskramen und ins CD-Laufwerk legen. Anschließend im Windows Explorer auf der CD den Ordner \Valueadd öffnen, dort den Unterordner Msft und dort wiederum den Unterordner Ntbackup. Hier verbirgt sich eine Datei namens ntbackup.msi, die sich durch Doppelklick starten lässt. Windows XP installiert nun das Backup-Programm, das anschließend jederzeit im Ordner Zubehör › Systemprogramme aufgerufen werden kann.

Anschließend steht das Backup zur Verfügung. Damit lassen sich Sicherheitskopien auf anderen Festplatten, aber auch auf USB-Memory-Sticks oder – bedingt – auf CD oder DVD herstellen.

Bei Windows Me: Die Windows-Me-CD ins Laufwerk einlegen und dort nach dem Ordner AddonsBackup suchen. Anschließend die beiden Dateien backup.txt und msbackup.exe markieren und auf die Festplatte kopieren, am besten in den Ordner WindowsSystem.

Bei dem Programm handelt es sich um eine Lizenzversion von *Seagate Backup Exec*. Nachdem es auf die Festplatte kopiert wurde, empfiehlt es sich, eine Verknüpfung anzulegen, damit jederzeit bequem auf das Backup-Programm zugegriffen werden kann.

39. Windows PE

Der absolute Albtraum für jeden Computerbenutzer: Der Rechner startet nicht mehr oder wirft beim Hochfahren nur Fehlermeldungen aus. In einer solchen Situation ist Windows PE (Preinstalled Environment) eine große Hilfe. Windows PE ist eine abgespeckte Version von Windows XP oder 2003. Windows PE enthält alle wichtigen Funktionen und Treiber, um einen Rechner mit Windows zu booten – selbst wenn dort kein Windows vorhanden ist oder Beschädigungen einen Start verhindern.

Windows PE muss nicht auf dem PC installiert werden, sondern startet von CD. Anschließend kann man die nötigen Rettungsmaßnahmen einleiten, etwa Daten sichern oder einen Virenscanner starten. Jeder Windows-Benutzer kann sich so eine Windows-PE-CD mit etwas Mühe selbst zusammenstellen. Eine Beschreibung gibt es unter www.sogehtsleichter.de/windowspe.

40. Mac-Dateien auf PC lesen

Apples Mac-Rechner sind ausgesprochen weltoffen: Sie können problemlos Dateien lesen, die mit einem PC gespeichert wurden. Die meisten Programme bieten entsprechende Optionen an. Umgekehrt gilt das allerdings nicht: PCs können eine mit Mac gespeicherte Datei nur dann lesen, wenn der Mac-Benutzer sie im PC-Format gesichert hat.

Um auf einem PC Mac-Dateien verarbeiten zu können, ist spezielle Software wie MacOpener erforderlich. Das rund 40 Euro teure Programm gibt es unter www.dataviz.com. MacOpener verarbeitet problemlos Disketten, Zip-Medien, externe Festplatten und auch CD-ROMs, die am oder für den Apple Mac erstellt wurden. Auch das Speichern von Informationen im Mac-Format ist damit möglich.

41. Programme entfernen, aber richtig

Was tun, wenn ein Programm nicht mehr benötigt wird? Am besten mit Stumpf und Stiel von der Festplatte entfernen, damit wieder mehr Speicherplatz zur Verfügung steht. Allerdings reicht es nicht, manuell die Programmdateien zu löschen. Grund: Die meisten Programme nisten sich in vielen Verzeichnissen ein und nehmen zudem Eintragungen in der Windows-Datenbank *(Registry)* vor.

Nur wer die spezielle Deinstallations-Funktion der Software benutzt (oder Zusatzprogramme wie Norton Utilities oder Cleansweeper), entfernt zuverlässig alle Dateien und Einträge. Um ein Programm zu entfernen, in der Systemsteuerung von Windows doppelt auf Software klicken. Danach erscheint ein Verzeichnis aller installierten Programme. Von dort aus können sie rückstandsfrei aus dem System entfernt werden.

42. Direkt verbunden

Es gibt viele Möglichkeiten, zwei PCs zwecks Datenaustausch miteinander zu verbinden. Am einfachsten ist es, die Rechner mit einem Spezialkabel aus dem Fachhandel über die serielle oder parallele Schnittstelle zu koppeln. In Windows ist die nötige Software zum Datenaustausch bereits enthalten. Einfach das Systemprogramm Direktverbindung aufrufen.

Wer die PCs über USB verbinden möchte, braucht ein spezielles Datenkabel und muss auf beiden Rechnern entsprechende Treiber installieren (im Lieferumfang des Kabels enthalten). Danach hilft auch hier das Systemprogramm Direktverbindung beim Datenaustausch. Rechner mit Netzwerkkarte können so komfortabel vernetzt werden. Gehobene Notebooks sind oft serienmäßig mit einer Netzwerkschnittstelle ausgestattet, ebenso alle iMac-Modelle von Apple.

43. Mit Zip und Zap

Windows XP geht effektiv mit Speicherplatz um: Der bekannte Zip-Standard ist serienmäßig in das Betriebssystem eingebaut. Er sorgt dafür, dass Daten weniger Speicherplatz in Anspruch nehmen. Um Dateien komprimiert zu speichern, einfach die gewünschten Dateien markieren, mit der rechten Maustaste anklicken und die Funktion *Senden an › komprimierter Ordner* benutzen.

Gepackte Dateien erkennt Windows XP automatisch. Auf Mausklick lassen sich die komprimierten Informationen auspacken und benutzen – ganz ohne Zusatz-Software. Wer mehr Funktionen und Komfort wünscht, sollte die Shareware WinZip benutzen, die unter www.winzip.de zum Download angeboten wird. Nützliches Extra: Verschlüsseln der Informationen durch Kennwort.

44. Besser Schlummern als Schlafen

Wenn der Rechner nicht gebraucht wird, schaltet man ihn gewöhnlich ab. Für kurze Ruhephasen ist jedoch der Schlummerzustand vorzuziehen, *Standby* genannt. Im Standby-Modus speichert Windows alle wichtigen Daten auf der Festplatte und aktiviert danach den Ruhebetrieb, der sich jederzeit durch einfachen Tastendruck oder Bewegen der Maus beenden lässt.

Vorteil des Ruhebetriebs: Der PC ist schon nach wenigen Sekunden wieder voll einsatzfähig. Sogar die zuletzt benutzten Programme können sofort weiter verwendet werden. Allerdings wird etwas mehr Energie verbraucht als im völlig ausgeschalteten Zustand. Um den Ruhezustand zu aktivieren, die Funktion *Start › Beenden* wählen und dabei gleichzeitig die [Shift]-Taste drücken.

45. Inspektion der Festplatte(n)

Festplatten funktionieren heute meist zuverlässig und ohne jede Störung. Trotzdem können sich mit der Zeit Fehler einschleichen. Bleiben sie unentdeckt, kann das schlimmstenfalls zu Datenverlust führen. Deshalb sollten PC-Benutzer ihre Festplatte(n) regelmäßig mit dem serienmäßig mitgelieferten Programm ScanDisk einer Inspektion unterziehen.

Das Programm untersucht die Festplatte penibel auf Schwachstellen. Es prüft die logische Struktur und auf Wunsch die Oberfläche des Datenträgers. ScanDisk befindet sich im Programmordner *Zubehör > Systemprogramme* und sollte wenigstens einmal im Monat ausgeführt werden. Benutzer von Windows XP klicken mit der rechten Maustaste auf das Laufwerk-Symbol, wählen *Eigenschaften* und *Extras* und starten mit *Jetzt prüfen*.

46. Schluss mit CD-Jockey

Die meisten PCs verfügen lediglich über ein CD-Laufwerk. Das sollte eigentlich reichen, doch die Praxis zeigt: Oft wären mehrere CD-Laufwerke wünschenswert. Manche Software erwartet zum Beispiel, dass beim Start die Original-CD einliegt, andere Programme benötigen auf CD gespeicherte Daten und greifen deshalb immer wieder auf die CD zu. PC-Benutzer werden so unfreiwillig zum CD-Jockey.

Abhilfe schaffen Spezialprogramme wie Virtual CD (dtp, 40 Euro) oder das *Virtuelle CD-Laufwerk* (Gdata, 30 Euro). Damit lassen sich komplette CDs auf die Festplatte kopieren. Solche Software gaukelt den Programmen mehrere CD-Laufwerke vor. Auf Mausklick lassen sich einmal auf Harddisk kopierte *CDs einlegen* und benutzen, bei Bedarf auch mehrere gleichzeitig.

KAPITEL 2:

TEXTE SCHREIBEN UND IN FORM BRINGEN

Klappernde Schreibmaschinen, schmierende Farbbänder, umkippende Tipp-Ex-Fläschchen: Das war früher. Moderne Büros von heute sehen anders aus. Da schnurren graue PCs vor sich hin. Sie könnten jede Menge: in Sekundenbruchteilen den Cosinus berechnen, die 1.000 Nachkommastelle von Pi ausspucken oder Zeitlupen von Filmen berechnen. Für die hochgezüchteten Prozessoren im Inneren moderner Rechner alles kein Problem.

Aber was machen die meisten Bürocomputer stattdessen? Sie versuchen, ein möglichst komfortabler Schreibmaschinenersatz zu sein. Weil jeder irgendetwas zu schreiben hat, ob nun einzelne Briefe, Serienschreiben, Artikel, Bücher oder Redemanuskripte, findet sich quasi auf jedem PC eine Textverarbeitung. In aller Regel ist das Microsoft Word. Ob nun als Bestandteil des Büropakets Office, als Komponente der für den Heimbereich erdachten MS-Works oder als eigenständiges Programm. Word ist quasi immer da.

Und jeder hat Kontakt mit Bill Gates virtuellem Schreibapparat. Über die Jahre ist die Textverarbeitung derart umfangreich und leistungsfähig geworden, dass auf Knopfdruck quasi (fast) alles möglich ist. Nur: Kaum einer weiß noch, welcher Knopf dafür letztlich zu drücken ist. Die gewünschte Funktion verbirgt sich garantiert hinter dem vierten Menü der zweiten Option, die aber nur erscheint, wenn vorher das Häkchen vor irgendeiner anderen Option aktiviert wurde.

Kurz und knapp: Mit der Handhabung von Word ist das so eine Sache. Ich kenne eigentlich niemanden, der sich die Mühe macht, das Handbuch zu studieren oder sich mit allen verfügbaren Funktionen vertraut zu machen. Darum ist es umso wichtiger, die besten und nützlichsten Funktionen von Word zu kennen. Nicht alle, aber zumindest doch jene, die einen weiterbringen.

47. Markieren mit Komfort

Die jüngste Version von Word (XP und 2003) ist mit einer interessanten Neuerung ausgerüstet, die kaum einer kennt: Zum ersten Mal können Word-Benutzer mehrere räumlich voneinander getrennte Bereiche gleichzeitig markieren. Dazu einfach während des üblichen Markiervorgangs gleichzeitig die Taste [Strg] betätigen. Auf diese Weise wird eine eventuell bereits bestehende Markierung nicht ersetzt, sondern ergänzt.

Das ist zum Beispiel dann sinnvoll, wenn gezielt einzelne Wörter eines Dokuments mit einem einheitlichen Format versehen werden sollen. Früher mussten Word-Benutzer die Formatzuweisung für jedes Wort separat vornehmen. Heute reicht es, die betreffenden Stellen einmal alle zu markieren und die Formatzuweisung einmal durchzuführen.

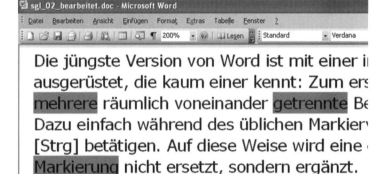

48. Ganze Wörter löschen

Word unterstützt zahlreiche praktische Tastenkombinationen, die jedoch nicht alle allgemein bekannt sind. Eingeweihte halten sie für einen selbstverständlichen Service der Textverarbeitung, andere hätten gern gewusst, dass es sie gibt. Zum Beispiel die Tastenkombination [Strg] und [Backspace].

Wer diese beiden Tasten gleichzeitig betätigt, löscht das gesamte Wort links vom Cursor. Um genau zu sein: alles bis zum nächsten Leer- oder Satzzeichen. Das Ganze funktioniert auch in umgekehrter Richtung. Denn mit Hilfe der Tastenkombination [Strg] und [Entf] lassen sich Wörter oder Wortteile rechts vom Cursor entfernen, ebenfalls bis zum nächsten Leer- oder Satzzeichen.

49. Schneller kopieren mit der Maus

Um einen Text von einem zum anderen Ort zu kopieren, wird gewöhnlich die Zwischenablage von Windows verwendet. Das Verfahren ist bekannt und funktioniert in allen Programmen: Text markieren und [Strg-][C] drücken. Danach Cursor an die neue Stelle setzen und [Strg][V] drücken. Fertig.

Doch es geht noch schneller: Den vorher markierten Text einfach mit der Maus ans Ziel schieben und dabei die [Strg]-Taste gedrückt halten. Dort die Maustaste loslassen, schon ist der Text kopiert. Ohne [Strg] wird verschoben. Das funktioniert nicht nur in Word, sondern auch mit Datenfeldern, etwa in Outlook, Access und vielen anderen Windows-Anwendungen. Einfach mal ausprobieren.

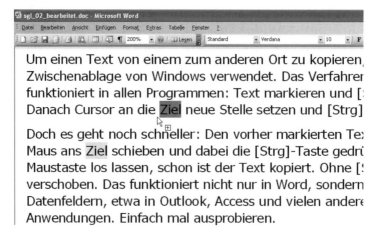

50. Formatierungen übernehmen

Eigentlich meint es Word nur gut: Wenn ein in der Zwischenablage befindlicher Text durch [Strg][V] oder [Shift][Einfg] ins Dokument übernommen wird, versucht Word in der Regel, die im Original verwendete Formatierung zu übernehmen. Doch das ist gar nicht immer erwünscht.

Deshalb bietet Word XP auch nach dem Einfügen die Funktion *An Zielformatierung anpassen* an. Wer eine frühere Version von Word benutzt, sollte anders vorgehen: Zum Einfügen die Funktion *Inhalte einfügen* im Menü *Bearbeiten* auswählen und anschließend die Option *Unformatierter Text* verwenden. Auf diese Weise geht die ursprüngliche Formatierung verloren und die Formatierung im Zieldokument kommt gleich zur Anwendung.

51. Formatierungen kopieren

Das Kopieren von Textpassagen innerhalb von Word ist einfach: Durch Verwenden der Funktionen *Kopieren* und *Einfügen* im Menü *Bearbeiten* lassen sich bequem Inhalte samt Formatierung kopieren. Es gibt jedoch Situationen, da soll lediglich eine bestimmte Formatierung übernommen und auf eine andere Textpassage übertragen werden.

Auch dabei ist Word behilflich. Dazu den Textabschnitt mit der zu kopierenden Formatierung markieren und auf das Pinsel-Logo in der Symbolleiste neben dem Clipboard klicken. Der Mauscursor wird zum Pinsel. Damit anschließend in einem Durchgang den gewünschten Textbereich markieren. Sobald die Maustaste losgelassen wird, übernimmt Word die Formatierung.

52. Formatierung prüfen

Es gibt Situationen, da möchte man einfach nur wissen, wie eine Textpassage formatiert wurde. Kein Problem, denn Word gibt gern und ausführlich Auskunft. Einfach im Menü *Hilfe* die Funktion *Direkthilfe* auswählen oder die Tastenkombination [Shift][F1] drücken.

Anschließend verändert der Mauscursor sein Aussehen und wird zu einem Fragezeichen. Danach auf die Textstelle klicken, deren Formatierung in Erfahrung gebracht werden soll. Schon präsentiert Word alle Details der Formatierung, sowohl Zeichen- als auch Absatzformate. Um die Anzeige wieder zu schließen, einfach [Esc] betätigen – außer in Office XP, denn dort erscheint die zusätzliche Formatierungsleiste.

53. Texte schneller formatieren

Word bietet die Möglichkeit, einzelne Wörter oder Textpassagen bereits während der Eingabe bequem fett oder kursiv zu formatieren, und zwar ohne dazu die Maus, ein Symbol oder eine Menüfunktion bemühen zu müssen. Um eine Textpassage fett zu formatieren, muss der betreffende Abschnitt lediglich durch das Zeichen * umschlossen werden. Einfach vor und nach der Passage ein * eingeben.

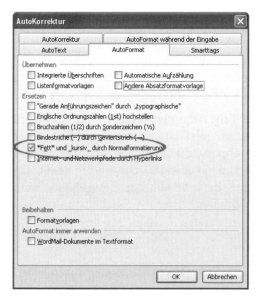

Wer eine Textpassage *kursiv* präsentieren will, markiert den betreffenden Abschnitt mit dem Sonderzeichen _. Das sieht dann zum Beispiel so aus: Word bietet *fette* und _kursive_ Zeichen. Sollte die Formatierung während der Texteingabe nicht funktionieren, die Funktion *Autotext* im Menü *Einfügen › Autotext* aufrufen. Danach die entsprechende Option im Register *AutoFormat während Eingabe* aktivieren.

54. Komfortabler Tabellen zeichnen

Microsoft Word verfügt über komfortable und leistungsfähige Tabellenfunktionen. Sie verbergen sich hinter dem Menü *Tabelle*. Doch niemand muss die mitunter gut versteckten Funktionen in diesem Menü bemühen, um eine Tabelle in den Text einzufügen.

Es geht nämlich auch viel bequemer: Einfach eine Folge der Zeichen „+" und „-" eingeben, so als wolle man mit diesen Sonderzeichen eine Tabelle auf der Schreibmaschine zeichnen. Mit „+" die Ecken und Trennlinien kennzeichnen, mit „–" die geraden Linien ziehen. Nach Betätigen von [Return] erkennt Word automatisch, wie viele Zellen gewünscht sind und wie groß diese im Einzelnen sein sollen. Word fügt automatisch eine entsprechende Tabelle in den Text ein.

Es geht nämlich auch viel bequemer:

Einfach eine Folge der Zeichen + und - eingeben, so als Sonderzeichen eine Tabelle auf der Schreibmaschine zei ken und Trennlinien kennzeichnen, mit - die geraden Lir Betätigen von [Return] erkennt Word automatisch, wie '

55. Neue Standardschrift selbst festlegen

Microsoft Word hat etwas von einer Schreibmaschine: Eingetipptes erscheint nach dem Start von Microsoft Word automatisch in der vom Konzern vordefinierten Standardschrift *Times New Roman*, sofern der Benutzer nicht ausdrücklich eine andere Schriftart auswählt oder bestimmt.

Das Problem: Nicht jedem gefällt dieser Font. Wer eine andere Schriftart bevorzugt und auch gleich zur Standardschrift machen möchte, die dann automatisch beim Eintippen neuer Texte verwendet wird, wählt dazu im Menü *Format* die Funktion *Zeichen* und aktiviert danach noch das Register *Schrift*.

Im nachfolgenden Dialog die gewünschte Schrift auswählen. Gleichzeitig lassen sich verschiedene Formatierungen, Effekte und Eigenschaften festlegen, die standardmäßig zum Einsatz kommen sollen. Anschließend auf *Standard* klicken und die Sicherheitsabfrage mit Ja bestätigen. Danach ist die ausgewählte Standardschrift für Word dauerhaft festgelegt.

56. Autoformat konfigurieren

Microsoft Word ist dem Benutzer gern bei der Eingabe von Sonderzeichen behilflich. So ersetzt eine *Autoformat* genannte Funktion beispielsweise auf Wunsch automatisch die Eingabe 1/4 durch das Sonderzeichen ¼. Dazu im Menü Extras die Funktion *Autokorrektur* auswählen. Dort lässt sich genau einstellen, welche Korrekturen Word automatisch vornehmen soll.

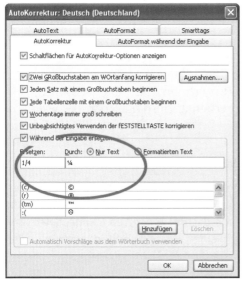

Außerdem besteht die Möglichkeit, zwischen einer automatischen Korrektur während der Eingabe und einer gezielten Korrektur zu wählen. Bei der automatischen Korrektur ersetzt Word während des Tippens. Anderenfalls ist es nötig, die Funktion *Format > Autokorrektur* aufzurufen, um den gesamten Text nach Korrekturmöglichkeiten zu durchforsten.

57. Word ohne automatische Linkadressen

Eigentlich meint es Word nur gut. Wenn Internetadressen eingegeben werden, die mit www. oder http:// beginnen oder wenn eine E-Mail-Adresse im Text vorkommt, werden diese Textstellen automatisch als Link oder E-Mail-Adresse markiert. Ein Mausklick auf die Stelle, und der vorkonfigurierte Browser oder Postdienst wird gestartet. Falls dieser Service unerwünscht ist, im Menü *Extras* die Funktion *AutoKorrektur Optionen* auswählen.

In der Sektion Autoformat lässt sich mit Hilfe der Option Internet- und Netzwerkpfade durch Hyperlinks einstellen, ob Word Internetadressen automatisch als Link formatieren soll oder nicht. Eine Korrektur hat nur auf zukünftige Eingaben Auswirkung.

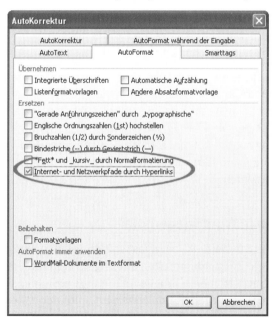

58. Persönliche Abkürzungen

Abkürzungen können das Leben erleichtern und einem jede Menge Tipparbeit ersparen. Denn die Autokorrektur-Funktion von Word, eigentlich zum Korrigieren häufiger Tippfehler erdacht, kann auch zum Beschleunigen der Eingabe verwendet werden. Ein *mfg* zum Beispiel zaubert ein *mit freundlichen Grüßen* auf den Schirm.

Wer eigene Abkürzungen festlegen will, wählt die Funktion *Extras > Autokorrektur* und trägt im Eingabefeld *Während der Eingabe ersetzen* die gewünschten Paare aus Abkürzung und Bedeutung ein. Ein Klick auf *Hinzufügen* ergänzt die Liste. Sofern die Autokorrektur-Funktion eingeschaltet ist, ersetzt Word eventuelle Abkürzungen während der Eingabe automatisch durch die gewünschte Entsprechung.

59. Formatierungsmerkmale ganz entfernen

Wenn eine Textpassage mehrere Formatierungen aufweist, kann es mitunter recht mühselig werden, diese alle zu entfernen. Denn erst müssen Attribute wie Fett, Kursiv oder Unterstrichen aufgehoben, dann Schriftgröße und Zeichensatz korrigiert werden.

Viel einfacher ist es, die gewünschte Passage im Text zu markieren und anschließend die Tastenkombination [Strg][Leer] zu betätigen. [Strg][Shift][N] hat dieselbe Wirkung. Word hebt alle Textattribute auf – und weist der Markierung die Standardformatierung für den aktuellen Absatz zu. Um auf diese Weise den gesamten Text von Formatierungen und Attributen zu befreien, vorher den kompletten Text mit [Strg][A] markieren.

60. Überschriften in Word wiederholen

Dank zahlreicher Spezialfunktionen lassen sich selbst umfangreiche Tabellen mit Word im Handumdrehen anfertigen. Ein Problem bleibt allerdings: Erstreckt sich eine Tabelle über mehrere Seiten, sind die vorgesehenen Überschriften normalerweise nur auf der ersten Seite zu lesen. Auf allen weiteren Seiten müssten sie manuell eingefügt werden.

Ein Trick veranlasst Word, die Spalten auf jeder Seite automatisch zu beschriften. Dazu einfach die erste Tabellenzeile, die gewöhnlich die Überschriften enthält, mit Maus oder Tastatur markieren und anschließend im Menü *Tabelle* die Option *Überschriftenzeilen wiederholen* aktivieren. Word präsentiert die Überschriften nun auf jeder Seite.

61. Stolperfalle Anführungszeichen

Word für Windows setzt die Anführungszeichen von ganz allein richtig: Am Anfang unten, am Ende oben. Das klappt allerdings nur, wenn die automatische Korrektur nicht deaktiviert wurde. Ob das so ist, lässt sich im Menü *Extras › Autokorrektur* kontrollieren. Im Register *Autoformat während der Eingabe* muss die Option *Während der Eingabe ersetzen: Gerade Anführungszeichen durch typografische* aktiviert sein.

Falls ein Text von jemand anders geladen wird, könnten die Anführungszeichen auch falsch sitzen. Doch die lassen sich schnell korrigieren: Zuerst die Funktion *Bearbeiten › Suchen und Ersetzen* aufrufen und dann in beiden Eingabefeldern ein Anführungszeichen eintragen. Dann alles tauschen lassen. Beim Wechsel setzt Word die Zeichen dann automatisch richtig.

62. Dreimal Bindestrich in Word

Der Bindestrich verbindet zwei zusammenhängende Worte, trennt ein Wort in der Mitte oder dient als Gedankenstrich. Word hat für diese drei Zwecke unterschiedliche Striche in petto. Einfach: Der eigentliche Bindestrich, der zwei Worte verbindet, wird durch die Taste [-] aufgerufen. Soll ein Trennvorschlag eingefügt werden, drückt der Word-Benutzer die Tastenkombination [Strg][-].

Vorteil: Word druckt den Bindestrich nur bei Bedarf. Der Gedankenstrich schließlich ist etwas breiter als der normale Bindestrich und wird von Word automatisch umgewandelt, wenn davor und danach ein Leerzeichen kommt. Wer gezielt einen Gedankenstrich einfügen will, kann das jederzeit durch [Strg][Umschalt][-] erreichen.

für diese drei Zwecke unterschiedliche Striche in petto. Einfach: Der eigentliche Binde-Strich, der zwei Worte verbindet, wird durch die Taste [-] aufgerufen. Soll ein Trennvorschlag eingefügt werden, drückt der Word-Benutzer die Tasten-kombination [Strg][-]. Vorteil: Word druckt den Bindestrich nur bei Bedarf. Wer - gezielt - einen Gedankenstrich einfügen will, kann das jederzeit durch [Strg][Umschalt][-] erreichen.

63. Beliebiges Aufzählungszeichen

Microsoft Word ist nur zu gern beim Formatieren von Aufzählungen behilflich: Ein Mausklick, und der markierte Text wird eingerückt und mit einem ansprechenden Aufzählungszeichen versehen. Dabei verwendet Word normalerweise einen schwarzen Punkt, in der Regel vollkommen ausreichend.

Doch die Textverarbeitung bietet bei Bedarf weitere Symbole zur Aus-wahl. Einfach den Text markieren und im Menü *Format* die Funktion *Nummerierungs- und Aufzählungszeichen* auswählen. Wem keins der dort präsentierten Standardsymbole zusagt, klickt auf *Anpassen* und dann auf Zeichen. Dort kann bequem jedes Zeichen rekrutiert werden. Durch einen Klick auf *Bild* lässt sich sogar ein Bild zum Auf-zählungszeichen machen.

64. Unzertrennbare Wörter

Wenn zwei Wörter oder Begriffe durch ein reguläres Leerzeichen getrennt werden, kann Microsoft Word sie in unterschiedlichen Zei-len, im ungünstigsten Fall aber sogar auf unterschiedlichen Seiten platzieren. Im normalen Fließtext kein Problem. Doch manchmal gibt es Wörter, die unbedingt zusammenstehen sollen, etwa Firmen- oder Eigennamen.

In diesem Fall empfiehlt sich das geschützte Leerzeichen: Durch das gleichzeitige Betätigen von [Strg], [Shift] und [Leerzeichen] lässt es sich eingeben. Danach erscheint zwar ein kleiner Kreis auf dem Bildschirm, der allerdings beim Ausdruck durch ein Leerzeichen ersetzt wird. Auf diese Weise miteinander verbundene Wörter trennt Word niemals.

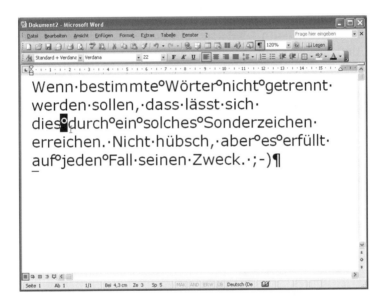

65. Abstände verkleinern

Leerzeichen sorgen für den nötigen Abstand zwischen Wörtern. Wie viel Platz das ist, legt Word normalerweise selbst fest. Dies hängt von vielen Faktoren ab. Es gibt Situationen, da wünschen sich Word-Benutzer nur einen geringen Abstand. Kleiner als Word ihn vorsieht, etwa bei Abkürzungen wie „z. B."

In diesem Fall bei der Eingabe des Leerzeichens die Tastenkombination [Strg][Shift][Leertaste] verwenden. So entsteht ein geschütztes Leerzeichen. Danach das Zeichen markieren und die Funktion *Zei-*

chenabstand im Menü *Format › Zeichen* aufrufen. Hier kann unter Skalieren der vorgesehene Platz eingetragen werden. Wenn zum Beispiel die Hälfte des üblichen Leerraums reicht, *50%* eintragen.

66. Leerzeichen durch Tabs ersetzen

Viele Computerbenutzer verzichten partout auf den Gebrauch des Tabulators. Stattdessen verwenden sie reichlich Leerzeichen, um Texte zu positionieren. Irgendwann kommt allerdings die Einsicht, dass Tabulatoren viel praktischer und präziser sind. Dann müssen alle Leerzeichen durch Tabulatoren ersetzt werden. Leider ein mühsames Unterfangen.

Doch die intelligente Korrekturfunktion von Word ist behilflich: Erst den Cursor positionieren, dann die Funktion *Bearbeiten › Ersetzen* auswählen. Im Feld *Suchen* nach ein (!) Leerzeichen gefolgt von der Zeichenfolge „{2;}" eingeben. Im Eingabebereich *Ersetzen durch* das Sonderzeichen „^t" für Tabulatoren eintragen. Wichtig: Die Option *Mit Mustervergleich* aktivieren. Wenn jetzt auf *Alle ersetzen* geklickt wird, ersetzt Word alle Textstellen mit zwei oder mehr Leerzeichen durch jeweils einen Tabulator. Praktisch.

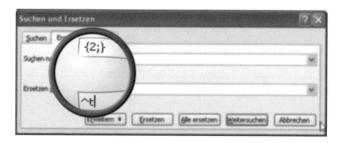

67. Viele Formatierungen auf einen Streich

Wer seinem Text eine persönliche Note geben möchte, sollte in Word für Windows unbedingt eine so genannte *Formatvorlage* anlegen. Dazu im Menü *Format* den gleichnamigen Menüpunkt aufrufen. Hier lassen sich alle wichtigen Merkmale einer Formatierung einstellen, ob für einen kompletten Absatz oder eine Textpassage.

Einfach Schriftart, Zeilenumbruch, Breite, Tabulatoren, Ränder und vieles andere mehr bestimmen. Jede Formatierung lässt sich unter einem individuellen Namen speichern und auf diese Weise später schnell und bequem wieder abrufen. Die Druckformate werden in dem Listenfeld oben links innerhalb der Textverarbeitung angeboten. Einfach den gewünschten Abschnitt markieren und das Druckformat auswählen, schon wird alles automatisch umformatiert.

68. Mehr Überblick durch geteilte Fenster

Große Dokumente sind oft recht unübersichtlich. Aber Word und Excel haben einen Trumpf im Ärmel: Die beiden Programme ermöglichen es, den Bildschirm beliebig zu teilen. Dazu auf die schmale Schaltfläche unmittelbar oberhalb der rechten Bildlaufleiste klicken und bei gedrückter Maustaste die Teilungsleiste verschieben. So lässt sich der Bildschirm horizontal unterteilen.

Excel bietet zusätzlich eine vertikale Teilungsmöglichkeit, gleich rechts neben dem Bildlauf. In beiden Hälften wird dasselbe Dokument gezeigt. So lassen sich zwei Ausschnitte aus demselben Dokument betrachten. Praktisch, um zum Beispiel Tabellenüberschriften, Summen oder Bemerkungen stets im Blickfeld zu haben. Teilung aufheben: Trennstrich anklicken und nach oben bzw. rechts schieben.

69. Was hat sich geändert?

Im Büro keine Seltenheit: Da hat man etwas geschrieben und möchte, dass die Kollegen mal kurz drüberschauen. Wenig später landet der Text wieder im Briefkasten. Aber was wurde geändert? Damit das nicht unsichtbar bleibt, haben die Entwickler Word mit der Spezialfunktion *Überarbeiten* ausgestattet.

Und das geht so: Bevor Sie den Text an den Kollegen schicken, die Funktion *Extras > Änderungen verfolgen > Änderungen hervorheben* aktivieren. Dann ist sichergestellt, dass alle Änderungen deutlich sichtbar sind. Positiv: Jede einzelne Korrektur lässt sich bestätigen oder ablehnen. Wer vergessen hat, den Markierdienst rechtzeitig zu aktivieren, benutzt die Funktion *Extras > Änderungen verfolgen >*

Dokumente vergleichen. Geändertes erscheint rot, Gestrichenes doppelt durchgestrichen und Neues unterstrichen.

Und das geht so: Bevor Sie den Text an den Kollegen s(
Extras > Änderungen verfolgen > Änderungen hervorhe
ist sichergestellt, dass alle Änderungen deutlich sichtbar
einzelne Korrektur lässt sich bestätigen oder ablehnen. '
den ~~Markierdienst~~ Markier-Dienst rechtzeitig zu aktivier(
Funktion *Extras > Änderungen verfolgen > Dokumente*
Geändertes erscheint rot, Gestrichenes doppelt durchge
unterstrichen.

70. Dokumente vergleichen

Wenn zwei Versionen eines Textdokumentes vorliegen, lassen sich mit Hilfe von Microsoft Word bequem alle Unterschiede aufspüren. Dazu zunächst das erste Dokument laden und im Menü *Extras* die Funktion *Änderungen verfolgen* auswählen, dann die Option *Dokumente vergleichen*. In Word 2003 geht das mit der Funktion *Dokumente vergleichen und zusammenführen* im Menü *Extras*.

Nun das zweite Dokument laden und im Menü Ansicht über die Auswahl *Symbolleisten* die Symbolleiste *Überarbeiten* einblenden. Dadurch markiert Word alle Unterschiede. Durch Klick auf das Icon *Nächste Änderung* (bei Word 2003: *Weiter*) springt Word nacheinander jede Textdifferenz an und erläutert die Unterschiede.

71. Elektronisches Eselsohr

In einem Punkt ist Word keine besonders große Hilfe: Nach dem Laden eines Textdokuments blinkt der Cursor stoisch in der linken oberen Ecke und wartet auf Eingaben. Viel praktischer wäre es doch, wenn der Cursor auf Wunsch an die letzte Eingabestelle wandert. So könnte der Benutzer unverzüglich mit Eingaben und Korrekturen fortfahren, ohne die Stelle erst suchen zu müssen.

Eine Art elektronisches Eselsohr also. Je größer das Dokument, um so sinnvoller wäre dieser Service. Eingeweihte Word-Benutzer jedoch drücken gleich nach dem Laden größerer Textdokumente die weitgehend unbekannte Tastenkombination [Shift][F5] – schon springt der Cursor an genau die Position, an der er sich beim Speichern befunden hat.

72. Texte in Word zusammenfügen

Wer aus verschiedenen Quellen Texte zusammenfügen will, benutzt dazu normalerweise die Zwischenablage von Windows: Einfach den Text in der Quelle markieren und mit [Strg][C] in den Zwischenspeicher kopieren. Danach zum Ziel wechseln und den Text dort mit [Strg][V] einfügen.

Das Problem: Hat der Quelltext eine eigene Formatierung, bringt er die im Zieldokument möglicherweise durcheinander. Besser ist es deshalb, in Word für Windows stattdessen das Menü *Bearbeiten >* *Inhalte einfügen* zu benutzen. In diesem Fall erscheint ein Dialogfeld, in dem gewählt werden kann, auf welche Weise der Text eingefügt werden soll. Um die Formatierung im Zieldokument zu erhalten, die Option *Unformatierter Text* auswählen.

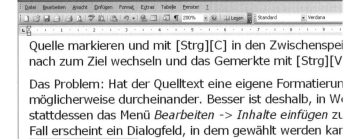

73. Die Schriftgröße im Griff

Word bietet zahlreiche Gestaltungsmöglichkeiten, um den eingegebenen Text in die rechte Form zu bringen. Doch nicht immer müssen gleich Menüs und Funktionen bemüht werden. Oft reicht eine kurze Tastenkombination. Um zum Beispiel einen Text größer oder kleiner darzustellen, zunächst die gewünschte Textpassage markieren.

Mit den Tasten [Strg][‹] wird der markierte Text um jeweils einen Punkt kleiner dargestellt. Der gegenteilige Effekt lässt sich mit Hilfe der Tastenkombination [Strg][Shift][›] erzielen: Die markierte Textpassage wird schrittweise um jeweils einen Punkt vergrößert. Diese Tastenkombinationen funktionieren auch in Microsoft Powerpoint, Frontpage und Publisher.

74. Texte durch Grafiken ersetzen

Die Funktion *Suchen und Ersetzen* in Word ist ausgesprochen vielseitig und leistungsfähig. Doch wer die richtigen Tricks kennt, kann damit bei Bedarf sogar Texte durch Grafiken ersetzen. Dazu einfach die gewünschte Grafik in einem Grafikprogramm vorbereiten, den Ausschnitt markieren und mit [Strg][C] in die Zwischenablage kopieren.

Anschließend im Word-Dokument die Funktion *Suchen und Ersetzen* aufrufen, den Suchbegriff eintragen und im Eingabefeld *Ersetzen durch* die Zeichenfolge ^c angeben. Das veranlasst Word dazu, beim Einfügen den aktuellen Inhalt der Zwischenablage zu benutzen. Das kann eine Grafik sein, aber auch Tabellen oder komplexe Texte, selbst wenn sie Feldfunktionen enthalten.

75. Präzises Lineal in Word

Das Auge isst bekanntlich mit. Deshalb erlaubt es Word, Texte, Tabellen und Grafiken mit Hilfe der Maus völlig frei zu positionieren und auf diese Weise ansprechend zu gestalten. Falls das dafür notwendige Lineal in der Ansicht fehlt, kann es jederzeit mit Hilfe der Funktion *Ansicht › Lineal* eingeschaltet werden.

Allerdings ist der Benutzer beim Platzieren der Objekte über das Lineal nicht völlig frei: Word verwendet ein unsichtbares Gitter, in das ein positioniertes Objekt automatisch einrastet. Wer beim Platzieren jedoch gleichzeitig die Taste [Alt] drückt, hebt das Raster auf und kann Texte, Tabellen, Ränder oder Grafiken völlig frei orientieren. Im Lineal erscheinen währenddessen die ganz genauen Positionsangaben. Ebenfalls möglich: Wenn zum Positionieren die linke Maustaste gedrückt wurde, zusätzlich die rechte betätigen.

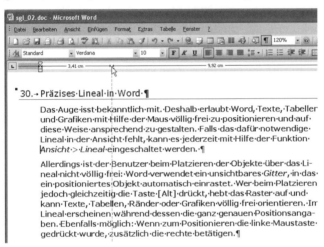

76. Eigene Word-Ordner

Beim Speichern und Laden von Dokumenten und Dateien verwendet die Microsoft-Textverarbeitung Word automatisch einen ganz bestimmten Ordner, in der Regel ist es *Eigene Dateien und Dokumente*. Doch viele wollen ihre Textdokumente lieber in einem anderen Ordner ablegen oder Grafiken aus einem anderen Ordner laden. In diesem Fall muss sich der Benutzer jedes Mal erst zum entsprechenden Ordner durchklicken.

Viel einfacher ist es, Microsoft Word die Lieblingsordner mitzuteilen. Dazu *Extras › Optionen* wählen und im Register *Speicherort für Dateien* die gewünschten Laufwerke und Ordner bestimmen. Hinter

Dokumente verbirgt sich der Standardordner für Texte, hinter *Cliparts* der Standardordner für einzufügende Grafiken.

77. Datum und Uhrzeit

Es gibt verschiedene Möglichkeiten, das aktuelle Datum in einen Word-Text einzufügen. Es selbst einzutippen ist denkbar, aber unpraktisch. Wer in einem Text stets das gerade aktuelle Datum wünscht, etwa in einem Standardbrief, verwendet am besten die Feldfunktion *Date*. Einfach das Menü *Einfügen > Felder* auswählen, die Option *Date* anklicken und das gewünschte Format bestimmen.

Bei Bedarf wird so auch die Uhrzeit verraten. Word fügt die vielseitige Feldfunktion Date auch durch die Tastenkombination [Alt][Shift][D] an die aktuelle Textposition ein. Soll stattdessen die Uhrzeit gezeigt werden, gelingt das mit [Alt][Shift][T]. Um alle Feldfunktionen im Text sichtbar zu machen, [Alt][F9] drücken.

78. Word rechnet Maßeinheiten um

Wie viel Zentimeter sind ein Zoll und braucht man bei 77 Grad Fahrenheit einen Pullover? Das mühselige Nachschlagen in Tabellen hat ein Ende, denn Microsoft hat eine nützliche Erweiterung für Word 2002 entwickelt. Der praktische Smarttag für Maßeinheiten rechnet auf

Knopfdruck Maßeinheiten um. Einmal die Maustaste gedrückt – und aus 77 Grad Fahrenheit werden im Handumdrehen 25 Grad Celsius.

Genauso einfach lassen sich auch Längenangaben, Distanzen, Höhenangaben oder Geschwindigkeiten in beliebige Richtung konvertieren. Der auf Microsofts Homepage unter www.microsoft.de im Bereich *Office* kostenlos erhältliche Smarttag kennt diverse internationale Maßeinheiten und lässt sich bei Bedarf sogar erweitern. Das Programm ist in Englisch und unter www.sogehtsleichter.de/masseinheiten zu bekommen.

79. Dialogboxen per Mausklick

Viele Funktionen versteckt Word hinter verschachtelten Menüs oder ellenlangen Optionslisten. Manche sind auch per Tastenkombinationen erreichbar, die jedoch oft schwer zu merken sind. Gut zu wissen, dass einige der wichtigsten Funktionen sich in Word auch bequem per Maus erreichen lassen.

Um etwa die Funktion *Suchen und Ersetzen* zu aktivieren, reicht ein Doppelklick auf eine beliebige Information wie aktuelle Seitenzahl, Abbildungsnummer oder Sektion in der unteren Statuszeile. Genauso einfach lassen sich der Markierungsmodus, die Überarbeitungsfunktion oder der Makrobetrieb je nach Bedarf an- oder abschalten. Oft ist es praktischer und schneller, diese Funktionen per bequemen Doppelklick zu kontrollieren.

80. Wie lang ist der Text?

Wer häufiger einen Text verfassen muss, der eine bestimmte Länge haben soll, nicht zu kurz, nicht zu lang, der weiß die Zählfunktion in Word zweifellos zu schätzen. Allerdings muss sie jedes Mal mit Hilfe der Funktion *Extras > Wörter zählen* aufgerufen werden. Viel praktischer ist es, eine feste Dialogbox auf dem Bildschirm zu haben, in der sich die aktuelle Textlänge jederzeit bequem ablesen lässt.

Dazu im Menü Ansicht die Funktion *Symbolleisten* auswählen und dort die Option *Wörter zählen* aktivieren. Anschließend erscheint eine kleine Info-Box, die sich beliebig verschieben oder fest im Symbolbereich verankern lässt. Durch Klick auf *Neu zählen* wird der markierte Text ausgewertet und das Ergebnis präsentiert.

81. Dokument per E-Mail verschicken

Mal eben ein Textdokument, eine Excel-Tabelle oder eine Powerpoint-Präsentation per E-Mail versenden? Kein Problem, falls Outlook ohnehin geöffnet ist. Dann bedarf es nur weniger Mausklicks, um so ein Dokument auf die Reise zu schicken. Was viele nicht wissen: Noch schneller geht es aus den Office-Anwendungen selbst heraus.

Etwas unscheinbar bieten Word, Excel, Powerpoint und Co. eine Funktion zum E-Mail-Versand. Einfach auf das kleine Brieflogo gleich neben dem Speichern-Symbol klicken oder die Funktion *Senden An › E-Mail-Empfänger* im Menü *Datei* auswählen, schon erscheint eine Eingabemaske für Empfänger und Betreff, und das gerade bearbeitete Dokument geht auf die Reise. Schneller und bequemer lässt sich ein Dokument nicht verschicken.

82. Office als HTML-Editor

Es müssen nicht immer teure Webeditoren her, um Webseiten im HTML-Format anzufertigen. Denn Microsofts Office-Anwendungen sind in der Lage, auf Knopfdruck HTML-Seiten zu erzeugen. Sie berücksichtigen dabei nahezu alle Formatierungen, die am Bildschirm zu sehen sind. Word, Excel und Co. speichern auf Wunsch alle Daten und Formatierungen in einer HTML-Datei ab. Was vor allem dann Sinn macht, wenn bestimmte Daten oder Dokumente ohnehin bereits im Office-Format vorliegen.

Dazu im Menü *Datei* die Funktion *Speichern unter* auswählen und als Dateityp *Webseite* anklicken. Vor allem Word eignet sich aufgrund der zahlreichen Gestaltungsmöglichkeiten gut, um HTML-Dateien zu erzeugen. Allerdings bietet Microsoft Office keinerlei Hilfen, um aufwendige Webseiten komfortabel zu verwalten. Für große Webprojekte eignet sich diese Lösung deshalb nicht. Und was man ebenfalls wissen sollte: Der von Microsoft Office erzeugte HTML-Code ist alles andere als kompakt. Die Dateien schwellen unnötig an. Wer Webseiten anfertigen will, vor allem schlanke, sollte einen HTML-Editor wie Phase 5 verwenden, die es kostenlos in einschlägigen Download-Bereichen im Internet gibt.

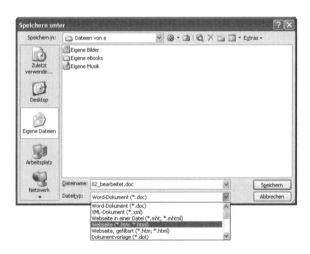

83. AutoText-Liste drucken

Besonders häufig verwendete Begriffe oder Formulierungen können Word-Benutzer mit Hilfe der Funktion *AutoText* dauerhaft auf Festplatte speichern. Sie stehen dann jederzeit im Menü *Einfügen > AutoText* auf Mausklick zur Verfügung. Wer seine AutoText-Liste zu Papier bringen möchte, ruft einfach die Funktion *Drucken* im Menü *Datei* auf und wählt in der Option *Drucken* die etwas versteckte Einstellung *AutoText-Einträge* aus.

Danach verschwinden zwar zunächst alle weiteren Druckoptionen, doch nach einer kurzen Bestätigung mit OK spuckt der Drucker die in der Vorlage gespeicherten AutoText-Begriffe in alphabetischer Reihenfolge aus. Eine praktische Bestandsaufnahme der eigenen AutoText-Liste.

84. Word-Dateien verkleinern

Jede Neueingabe, jede Korrektur lässt das Dateivolumen eines Word-Dokuments anwachsen. Je nach gewählten Einstellungen merkt sich Word aber nicht nur die eigentlichen Texte, sondern auch, wer die Eingaben gemacht hat – und wann. Solche Verwaltungsinformationen blähen das Word-Dokument mit der Zeit unnötig auf.

Bei umfangreichen Dokumenten lässt sich eine Menge Speicherplatz sparen, wenn der gesamte Text einmal mit [Strg][A] markiert und dann mit [Strg][C] in die Zwischenablage kopiert wird. Anschließend mit der Funktion *Neu* im Menü *Datei* ein neues Dokument öffnen und den Text mit Hilfe von [Strg][V] übernehmen. Wird das Textdokument nun gespeichert, verringert sich die Dateigröße oft spürbar.

85. Alle Texte auf einmal speichern

Viele Word-Benutzer haben oft mehrere Dokumente gleichzeitig geöffnet. Um die Arbeit mit Microsofts Textverarbeitung zu beenden, ist es normalerweise nötig, jede einzelne Textdatei separat zu speichern und die Dialogbox zu bestätigen – zumindest wenn Korrekturen oder Erweiterungen an den Texten vorgenommen wurden.

Doch es gibt eine Möglichkeit, schneller in den Feierabend zu kommen: Dazu das Menü *Datei* bei gedrückter [Shift]-Taste anklicken. Denn dann erscheint die sonst versteckte Option *Alles speichern*. Durch Anwählen dieser Option speichert Word alle derzeit offenen Textdokumente gleichzeitig und sichert so eventuelle Korrekturen und Eingaben, ohne dass für jede Datei eine separate Bestätigung erforderlich wäre. Anschließend kann Word sofort beendet werden.

86. Sprungmarken in großen Texten

Wer mit Word große Textdokumente erstellt und seinen Lesern lästiges Blättern ersparen möchte, damit sie gezielt bestimmte Stellen im Dokument erreichen können, sollte Sprungmarken im Manuskript einrichten. Dazu an den geeigneten Stellen im Dokument mit Hilfe der Funktion *Einfügen Textmarke* die Sprungmarken einfügen. Die Marken bleiben unsichtbar und bekommen einen unverwechselbaren Namen.

Um später auf die gewünschte Textstelle zu verweisen, die Funktion *Hyperlink einfügen* benutzen. Anschließend auf *Aktuelles Dokument* klicken und die gewünschte Textmarke auswählen. Die Querverweise werden wie Links auf Webseiten ins Dokument eingefügt.

87. Office-Dokumente schützen

Textdokumente, Excel-Tabellen oder Powerpoint-Präsentationen enthalten mitunter vertrauliches Material. Deshalb lassen sich Office-Dokumente bei Bedarf durch ein frei wählbares Passwort vor unerwünschten Blicken absichern. Dazu die Funktion *Sicherheit* im Menü *Extras > Optionen* aufrufen.

Im Eingabebereich *Kennwort zum Öffnen* das Passwort festlegen, das Benutzer zum Anzeigen und Drucken des Dokuments eingeben müssen. Wer ein Dokument vor Veränderungen absichern will, gibt auch ein *Kennwort zum Ändern* an. In diesem Fall erlauben Word, Excel und Co. das Bearbeiten eines Dokumentes nur dann, wenn vorher das richtige Kennwort eingegeben wurde. Die beiden Schutzmechanismen lassen sich auch kombinieren.

88. Wörterbuch begrenzt aufnahmefähig

Word verfügt über ein praktisches Wörterbuch, das beim Aufspüren von Tipp- und Rechtschreibfehlern behilflich ist. Wer ein neues Wort ins Wörterbuch übernehmen möchte, klickt es mit der rechten Maustaste an und wählt *Hinzufügen* aus. Das Problem: Das Wörterbuch hat

Bitte schicken Sie Ihre Informationen an meine Privatadresse:

Name/Vorname

Straße

Land/PLZ/Ort

Telefon/Telefax*

email*

oder an meine Firmenadresse:

Firma

Name/Vorname

Abteilung/Position

Straße

Land/PLZ/Ort

Telefon/Telefax*

email*

Ihre Bestellangaben werden von uns und den Unternehmen der Süddeutscher Verlag Mediengruppe, unseren Dienstleistern sowie anderen ausgewählten Unternehmen verarbeitet und genutzt, um Sie über Produkte und Dienstleistungen zu informieren. Wenn Sie dies nicht mehr wünschen, informieren Sie uns bitte.

*freiwillige Angabe

Bitte freimachen, falls Marke zur Hand

Antwort

REDLINE WIRTSCHAFT
z. Hd. Ursula Weber
Lurgiallee 6-8

D-60439 Frankfurt

Liebe Leserin, lieber Leser

Gerne informieren wir Sie regelmäßig über unser aktuelles Buchprogramm. Bitte kreuzen Sie Ihre Interessengebiete an und senden Sie diese Karte an uns zurück.

○ Management
○ Controlling und Finanzen
○ Office und Sekretariat

○ Marketing, Werbung und Verkauf
○ Beruf und Karriere

Diese Karte entnahm ich dem Buch ....

Unter den Einsendern dieser Karte verlosen wir monatlich 10 x unseren Spitzentitel des Monats.

Noch mehr Lust auf Informationen? Besuchen Sie uns im Internet!

www.redline-wirtschaft.de

Bis bald – wir freuen uns auf Sie.

begrenzte Kapazitäten. Bei 64 KByte ist bereits Schluss, mehr kann sich Word nicht an zusätzlichen Wörtern merken.

Sollten neu aufgenommene Wörter nicht erkannt werden, ist diese Grenze bereits erreicht. In dem Fall empfiehlt es sich, ein weiteres Wörterbuch einzurichten: Dazu im Menü *Extras > Optionen* in der Rubrik *Rechtschreibung und Grammatik* auf *Wörterbücher* klicken und *Neu* auswählen. Anschließend nur noch das neue Wörterbuch aktivieren.

89. Tabulator präzise positionieren

Tabulatoren ermöglichen Word-Benutzern, Einzüge und Spalten zu definieren und dem Text so eine ansprechende Form zu geben. Allerdings ist die dafür vorgesehene Kontrollleiste oberhalb des Textbereichs alles andere als präzise. Bei gedrückter Maustaste lassen sich Tabulatoren nur schrittweise einstellen, nicht stufenlos.

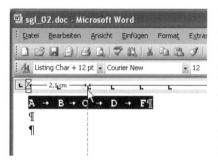

Viele Word-Benutzer bevorzugen deshalb die entsprechenden Menüs, da sie die Tabulatoren hier auf den Millimeter genau einstellen können. Dabei ist dasselbe über die Tabulatorleiste möglich: Einfach den Mauscursor in der Leiste positionieren und dann linke wie rechte Maustaste gleichzeitig betätigen. Schon können Tabulatoren und Einzüge stufenlos und außerdem akkurat eingestellt werden.

90. Automatische Sprungmarken

Beim Bearbeiten größerer Textdokumente können Word-Benutzer schon mal leicht den Überblick verlieren. Nur Anfang und Ende lassen sich gezielt durch Tastendruck erreichen. So genannte Sprungmarken können helfen, sich eine bestimmte Position im Text zu merken und so schnell und unkompliziert an diese Textstelle zurückzugelangen.

Was viele nicht wissen: Word bietet diesen Service serienmäßig. Die Textverarbeitung merkt sich von ganz allein die jeweils drei letzten Positionen der Einfügemarke, also jene Stellen im Textdokument, an denen zuletzt etwas eingegeben oder bearbeitet wurde. Mit der Tastenkombination [Shift][F5] kann der Cursor bequem abwechselnd an diese drei Stellen springen.

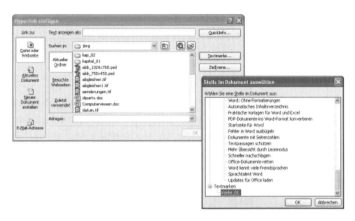

91. Sicherungskopie bei Word

Eine Sicherungskopie hilft in Problemfällen weiter, etwa wenn versehentlich etwas gelöscht wurde. Word-Benutzer können ihre Textverarbeitung nach Anwählen der Funktion *Optionen* im Menü *Extras* anweisen, in regelmäßigen Zeitabständen den aktuellen Textzustand zu speichern.

Allerdings kann das auch Probleme verursachen, da auf diese Weise natürlich auch eventuelle Fehler gespeichert werden. Viel praktischer und auch sicherer ist die Funktion *Sicherungskopie*, die stattdessen verwendet werden sollte. Word legt dann bei jedem Speichervorgang automatisch eine Sicherungskopie des jeweiligen Textdokuments an. Der Dateiname beginnt mit Sicherungskopie von. Hier merkt sich Word immer den Zustand vor dem letzten Speichern.

92. Wenn die Tastatur nicht reicht

Viele Sonderzeichen fehlen auf der Tastatur, etwa das Copyright-Zeichen oder die Pfeilsymbole. Wer sie trotzdem benutzen möchte, wählt in Word für Windows das Menü *Einfügen › Sonderzeichen*. Der Schriftartensatz *Symbol* bietet eine große Auswahl. Über das Listenfeld *Schriftart* lassen sich auch andere Zeichensätze auswählen.

Das gewünschte Zeichen durch Doppelklick in den Text einfügen. Hinter *Sonderzeichen* verbergen sich die wichtigsten Sonderzeichen, die sich per Mausklick abrufen lassen. Wer nicht mit Word arbeitet, benutzt die Zeichentabelle. Einfach *Start › Programme › Zubehör › Systemprogramme › Zeichentabelle* auswählen. Doppelt auf das gewünschte Zeichen klicken. Einfügen lässt es sich danach in jedem Programm über die Tastenkombination [Strg][V].

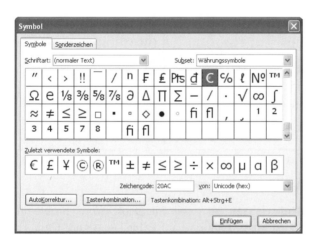

93. Word, übernehmen Sie: Sonderzeichen tauschen

Word kann suchen und Word kann ersetzen. Das gilt auch für Sonderzeichen wie Tabulator, Absatzende oder Trennstrich, die nicht auf der Tastatur zu finden sind. Es gibt zwei Möglichkeiten. Entweder wählt man im Dialogfeld *Suchen* oder *Suchen und Ersetzen* die Schaltfläche *Erweitern*.

Ein Klick auf *Sonstiges* zaubert eine ganze Reihe von Sonderzeichen hervor, die sich bequem in die Eingabefelder übernehmen lassen. Oder man benutzt geheime Kürzel. Das geht noch ein bisschen schneller und ist für geübte Hände ein Kinderspiel. Hier die wichtigsten Geheimkürzel:

Absatzende ^p	Das Caret-Zeichen (^) ^^
Tabulator ^t	Inhalt der Windows-Zwischenablage ^c
Zeilenumbruch ^l	Nach beliebigem Zeichen suchen ^?
Geschütztes Leerzeichen ^w	

94. Word: Ohne Formatierungen

Textdokumente lassen sich mit Microsoft Word problemlos ansprechend gestalten, damit sie auf Papier eine gute Figur machen. Manchmal sind die damit verbundenen Formatierungen der Texte aber unerwünscht oder störend, etwa wenn ein Text weiter verarbeitet werden soll oder als reine Text-Mail verschickt werden soll. Deshalb lassen sich bei Bedarf alle gestalterischen Elemente bequem auf einen Schlag entfernen.

Dazu zunächst den betreffenden Text, der von Formatierungen befreit werden soll, mit der Maus markieren. Sofern der gesamte Text ohne Formatierungen auskommen soll, hilft die Tastenkombination [Strg][A] weiter, da Word dadurch den gesamten Text markiert. Anschließend die Tasten [Strg] und [Shift] gleichzeitig drücken und die Taste [N] betätigen. Danach erscheint der Text schnörkellos in Standardschrift.

95. Automatisches Inhaltsverzeichnis

Bei längeren Texten empfiehlt es sich, eine Inhaltsübersicht anzulegen. Allzu große Mühe muss dazu aber niemand auf sich nehmen. Denn Word erzeugt auf Wunsch automatisch ein Inhaltsverzeichnis. Dazu im Menü *Einfügen* die Option *Referenz* und dort die Funktion *Index und Verzeichnisse* auswählen.

Nach einem Klick auf *Inhaltsverzeichnis* lassen sich die Rahmenbedingungen festlegen, wie das Inhaltsverzeichnis aussehen und formatiert werden soll. Dazu stehen zahlreiche Möglichkeiten zur Verfügung. Nach dem *OK* erzeugt Word dann die gewünschte Übersicht und fügt sie automatisch in den Text ein. Praktisch: Wer die Taste [Strg] drückt und auf einen Eintrag klickt, landet gleich an der entsprechenden Textstelle. Ideal, um in umfangreicheren Dokumenten zu navigieren.

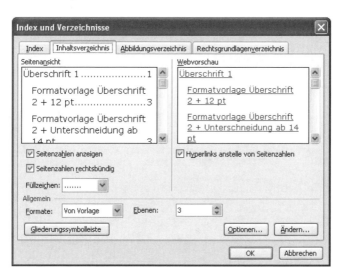

96. Praktische Vorlagen für Word und Excel

Dokumentvorlagen können eine echte Arbeitserleichterung sein: Warum nicht einfach auf Knopfdruck den fertig formulierten Standardbrief an die Bank übernehmen oder mit der bewährten Reisekostenabrechnung die letzte Dienstreise abrechnen? Nicht alles muss neu erfunden werden. In diesem Zusammenhang hat das neue Office 2003 einen praktischen Service zu bieten: Auf Knopfdruck lassen sich in einer Online-Datenbank fertige Vorlagen heraussuchen.

Einfach durch die Tastenkombination [Strg][F1] den Aufgabenbereich aktivieren. Dort dann ein Stichwort eingeben, etwa „Reisekosten", und mit [Enter] bestätigen. Anschließend im Eingabebereich *Suchen* den Suchbereich *Vorlagen auswählen* und erneut mit [Enter] bestätigen. Kurz darauf erscheinen online verfügbare Vorlagen, die sich per Mausklick in einer Vorschau ansehen und dann auch übernehmen lassen. Das funktioniert in allen Office-Anwendungen, ob Word, Excel oder Powerpoint. Der Service ist kostenlos.

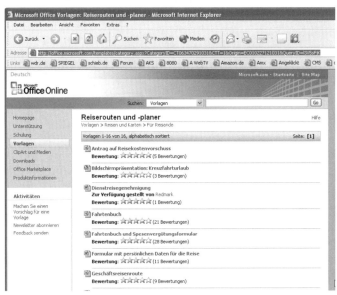

97. PDF-Dokumente ins Word-Format konvertieren

Immer mehr PC-Benutzer verschicken wichtige Dokumente im bekannten PDF-Format von Adobe. Vorteil: Der für jedermann unter www.adobe.de kostenlos erhältliche Betrachter (Viewer) erlaubt es, solche PDF-Dokumente auf dem PC anzuschauen und auszudrucken, unabhängig von der dort installierten Software. Deshalb werden mittlerweile auch viele Rechnungen oder Briefe im PDF-Format verschickt.

Das Weiterbearbeiten der in einem PDF-Dokument enthaltenen Informationen war bislang allerdings nur eingeschränkt oder gar nicht möglich. Doch mit dem unter www.pixelplanet.de erhältlichen Zusatzprogramm *PDFgrabber* (Vollversion: 99 Euro) lassen sich Texte, Grafiken und andere Inhalte aus PDF-Dokumenten exportieren und in den geeigneten Programmen bearbeiten. Die Software macht auf Knopfdruck aus einem PDF-Dokument eine Word-Datei – die dann bequem modifiziert oder umgestaltet werden kann. PDFgrabber ist das einzige Programm, das so etwas bietet.

98. Startseite für Word

Wer umfangreiche Texte bearbeitet, muss sie oft auf mehrere Dateien verteilen. Dann gibt es aber häufig bei der Nummerierung der Seiten ein Problem: Word nummeriert automatisch die Seiten eines Dokuments durch und formatiert eventuelle Seitenangaben auf Wunsch nach allen Regeln der Kunst. So lässt sich mit wenigen Handgriffen die Seitenzahl in die Kopf- oder Fußzeilen einfügen. Word beginnt aber automatisch bei jedem Dokument auf Seite 1.

Dem Programm lässt sich jedoch die Seitennummer der ersten Druckseite mitteilen, allerdings ist die Funktion gut versteckt. Dazu im Menü *Einfügen* die Funktion *Seitenzahlen* auswählen und danach auf *Format* klicken. Anschließend lässt sich im Bereich *Beginnen* bei festlegen, bei welcher Seitenzahl Word beginnen soll. Für jeden Bereich kann eine eigene Startseite festgelegt werden.

99. Fehler in Word ausbügeln

Microsoft Word 2003 hat eine böse Macke: Ist die Option *Hintergrundspeicherung* eingeschaltet, kann es beim Speichern des Dokuments jederzeit zu einem Totalabsturz kommen. Das Programm friert dann ein und muss komplett beendet werden. Um jedes Risiko auszuschließen, sollten Word-2003-Benutzer im Menü *Extras* die Funktion Optionen auswählen und auf *Speichern* klicken. Anschließend die Option *Hintergrundspeicherung* deaktivieren. Microsoft hat für diesen schwerwiegenden Fehler mittlerweile einen Patch herausgebracht. Der kann unter www.sogehtsleichter.de/word2003 heruntergeladen werden. Wenn der Patch installiert worden ist, kann die Hintergrund-Option wieder eingeschaltet werden.

100. Dokumente mit Seitenzahlen

Die Textverarbeitung Word kann alles verarbeiten: kurze Briefe und Anschreiben, aber auch seitenlange Hausarbeiten oder Werke in Buchformat. Vor allem bei umfangreicheren Druckwerken ist es sinnvoll, im Kopf- oder Fußbereich zur Orientierungshilfe eine Angabe wie *Seite x von y Seiten* auszudrucken.

Dazu zuerst in den speziellen Eingabebereich für Kopf- und Fußzeilen wechseln. Das geschieht mit Hilfe der Funktion *Kopf- und Fußzeilen* im Menü *Ansicht*. Danach an der gewünschten Stelle mittels der Option *Autotext › Kopf- und Fußzeile › Seite X von Y* im Menü *Einfügen* die entsprechende Passage übernehmen. Der Text lässt sich jederzeit an persönliche Bedürfnisse anpassen.

Durch die Tastenkombination [Alt][F9] lassen sich die Feldfunktionen anzeigen. Dann ist zu sehen, dass X und Y für {Page} und {Numpages} steht. Das sind Platzhalter, die Word während des Drucks mit den entsprechenden Werten füllt.

101. Textpassagen schützen

Microsoft Word 2003 erlaubt es, Textpassagen gezielt vor Überschreiben oder Löschen zu schützen. Dazu zunächst den betreffenden

Textabschnitt markieren, wahlweise einzelne Wörter oder komplette Abschnitte. Danach im Menü *Extras* die Funktion *Dokument schützen* auswählen. An der rechten Bildschirmseite klappt nun eine Dialogbox mit zahlreichen Einstellmöglichkeiten auf.

Hier kann der Word-Benutzer bequem bis ins Detail festlegen, was geschützt werden soll. Per Mausklick lässt sich einstellen, ob Formatierungen korrigiert, Texte verändert oder Kommentare hinterlegt werden dürfen. Bei Bedarf können sogar einzelne Benutzer ausgeschlossen werden. Die Beschränkungen lassen sich natürlich jederzeit wieder zurücknehmen.

102. Mehr Übersicht durch Lesemodus

Viele Neuheiten hat Office 2003 für Benutzer von Word, Excel und Powerpoint nicht zu bieten. Mit Ausnahme der Funktion *Lesemoduslayout*, die sich im Menü *Ansicht* befindet und sich im Alltag als ziemlich praktisch herausstellen kann. Office stellt das aktuelle Dokument im Lesemoduslayout Platz sparend als Doppelseiten dar.

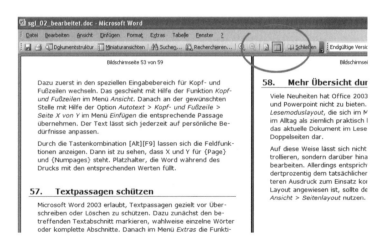

Auf diese Weise lässt sich nicht nur bequem das Layout kontrollieren, sondern darüber hinaus auch jederzeit der Inhalt bearbeiten. Aller-

dings entspricht das gezeigte Layout nicht hundertprozentig dem tat-
sächlichen Layout, wie es bei einem späteren Ausdruck zum Einsatz
kommt. Wer auf ein akkurates Layout angewiesen ist, sollte deshalb
nach wie vor die Funktion *Ansicht › Seitenlayout* nutzen.

103. Schneller nachschlagen

Eine wesentliche Verbesserung der neuen Version 2003 von Word,
Excel und Powerpoint ist die so genannte Recherchefunktion. Sie er-
laubt es Office-Benutzern, bequem Begriffe in verschiedenen Nach-
schlagewerken gleichzeitig nachzuschauen. Was viele nicht wissen:
Dazu muss keineswegs erst umständlich das recht gut versteckte
Spezialfenster *Recherchieren* aktiviert werden.

Stattdessen reicht es völlig, das betreffende Wort bei gedrückter
[Alt]-Taste mit der Maus anzuklicken. Office schlägt dann automatisch in Wörterbuch, Thesaurus sowie Übersetzungswörterbuch nach
und präsentiert die Ergebnisse. Eine Funktion, die sich vor allem
innerhalb der Textverarbeitung Word schnell als äußerst nützlich
herausstellt.

104. Office-Dokumente retten

Es kommt immer wieder vor: Ein Office-Programm wie Word, Excel
oder Powerpoint stürzt plötzlich ab, reagiert weder auf Tastendruck
noch auf Mausklick. Falls das aktuell bearbeitete Dokument nicht
gesichert wurde, sind die Änderungen normalerweise verloren. Aber
nur nicht zu früh verzweifeln: Oft lohnt es sich, vorher noch einen
Rettungsversuch zu unternehmen. Dazu im *Start*-Menü die Funktion
Microsoft Office Problem-Manager im Menü *Microsoft Office Tools*
auswählen. Allerdings nur, wenn diese Extras auch installiert wurden. Verfügbar in Office XP und 2003.

Anschließend erscheint eine Auswahl aktuell aktiver Office-Program-
me. Einfach das störrische Programm markieren und *Anwendung
wiederherstellen* auswählen. Die anschließende Dialogbox mit *Nicht
senden* quittieren. Meist startet Office das betreffende Programm

nun neu und versucht, das zuletzt bearbeitete Dokument samt Korrekturen zu laden. Wenn das klappt, das Dokument sofort speichern.

105. Sprachtalent Word

Wer mit der Textverarbeitung Word arbeitet, kann bei der Eingabe von fremdsprachlichen Begriffen eine vielen unbekannte Fähigkeit von Word beobachten: Microsofts Textprogramm erkennt selbständig die verwendete Sprache. Meist reichen schon ein, zwei Wörter in einer fremden Sprache, etwa *à la* oder *last not least*, schon schaltet Word auf das französische oder englische Wörterbuch um – mit der Folge, dass deutschsprachige Wörter dann plötzlich als Fehler erkannt werden.

Das hat negative Auswirkungen, beispielsweise auf die Anführungszeichen, die im Englischen plötzlich immer oben platziert werden. Außerdem wird die interne Worterkennung umgestellt, was unnötige Fehlermeldungen bei deutschen Wörtern zur Folge hat.

Was für manche Computerbenutzer praktisch sein kann, stört andere enorm. Doch man kann es Word abgewöhnen, die verwendete Sprache selbständig zu erkennen. Dazu doppelt in der Statusleiste am Fensterrand auf *Deutsch* klicken. In der Dialogbox die Option *Sprache*

automatisch erkennen deaktivieren. Hier lässt sich außerdem festlegen, auf welche Sprachen Word vorbereitet sein soll – inklusive der passenden Wörterbücher.

106. Updates für Office laden

Regelmäßige Erweiterungen und Ergänzungen (Updates) gehören heute bei allen Programmpaketen zur Tagesordnung. Auf diese Weise sollen Verbesserungen verfügbar, aber nicht zuletzt auch bekannt gewordene Sicherheitslücken geschlossen werden. Microsofts Büropaket Office macht da keine Ausnahme: Der Hersteller bietet im Internet diverse Updates für alle Office-Versionen zum kostenlosen Download an.

Der unter www.sogehtsleichter.de/officeupdate erreichbare Download-Bereich ermittelt selbständig, welche Updates für den Besucher in Frage kommen und bietet die entsprechenden Pakete zum Download an. Bei Bedarf lassen sich auch mehrere Pakete gleichzeitig laden. Die Installation erfolgt automatisch. Zumindest als sicherheitsrelevant gekennzeichnete Updates sollte jeder Office-Benutzer laden und einrichten.

KAPITEL 3:

GEKONNT MIT ZAHLEN JONGLIEREN

Die meisten Menschen interessieren sich nicht besonders für Computer. Hand aufs Herz: Wer will schon wissen, wie viel Speicher im PC eingebaut ist, wer das „Motherboard" hergestellt hat, wie die Grafikkarte gekühlt wird und wie viele Befehle der Prozessor pro Sekunde stemmt? Kaum einer – bestenfalls als „Freaks" verschriene Computerkenner und Technikfans.

Für die meisten wird die Sache erst reizvoll, wenn der Computer ihnen Arbeit abnimmt. Wenn der Rechner Prozesse beschleunigt oder Aufgaben bewältigt, die ohne Computer nie denkbar gewesen wären. Die Tabellenkalkulation ist ein klassisches Beispiel. Mit einem Tabellenkalkulationsprogramm wie Excel lassen sich Zahlenreihen in atemberaubender Größenordnung bewältigen. Auf Knopfdruck.

Als seinerzeit, Anfang der 8oer Jahre, zum Urknall der „persönlichen Computerei", die Tabellenkalkulation VisiCalc auf den Markt kam, war die Begeisterung groß: Endlich konnten Heerscharen von Buchhaltern, Kaufleuten und normalen Menschen die knatternden, Papierstreifen ausspuckenden Rechenmaschinen in Rente schicken – und alles viel bequemer als früher auf dem Computer verwalten und kalkulieren. Nachfolger wie Multiplan und natürlich Excel haben es bis in die heutige Zeit geschafft – und sind aus dem modernen Büroalltag wohl nicht mehr wegzudenken.

Mit einer Tabellenkalkulation wie Excel lassen sich aber nicht nur vorzüglich Kalkulationen anstellen, sondern auch Listen verwalten. Namen, Adressen, Produktgruppen, Kochrezepte, Fußballergebnisse: Es gibt wohl nichts, was nicht in Tabellen – neudeutsch: „Spreadsheets" – erfasst, gespeichert und ausgedruckt würde.

Für Excel gilt im Grunde dasselbe wie für Word: Auf den meisten Rechnern wie selbstverständlich zu Hause, aber mitunter etwas sperrig in der Handhabung. Dem Programm die gewünschte Funktion zu entlocken ist garantiert möglich – aber sie ist nicht immer ganz leicht zu finden. Ein paar Tipps und Tricks können da helfen.

107. Zahlenkolonnen ein- und ausblenden

Es ist übersichtlicher, wenn einzelne Zahlen nicht ständig sichtbar sind. Kein Problem, schließlich lassen sich in Excel Zeilen und Spalten verstecken. Die entsprechenden Funktionen verbergen sich im Menü *Format*. Praktischer wäre es natürlich, wenn das Unsichtbarmachen und das erneute Einblenden eines Tabellenbereichs auf Tastendruck möglich wäre.

Das ist machbar: Die Tastenkombination [Strg][9] blendet die Zeilen des gerade markierten Zellbereichs im Handumdrehen aus. Um sie wieder sichtbar zu machen, einfach die Tastenkombination [Shift][Strg][9] betätigen. Sollen nicht Zeilen, sondern Spalten ein- und ausgeblendet werden, stattdessen die Tastenkombinationen [Strg][0] und [Shift][Strg][0] benutzen.

108. Schneller markieren

Oft ist es nötig, in Excel eine komplette Zeile oder Spalte zu markieren, etwa um sie einheitlich zu formatieren oder an eine andere Stelle zu schieben. Durch Anklicken der entsprechenden Titel von Zeile oder Spalte lässt sich das mit der Maus schnell und bequem bewerkstelligen.

Ein Trick, der vor allem auf Notebooks nützlich ist, die bekanntlich eine schwierige Mausführung haben: Auch mit der Tastatur lassen sich schnell und bequem komplette Zeilen und Spalten markieren. Mit [Strg][Leertaste] markiert Excel die aktuelle Spalte, mit [Shift][Leertaste] die aktuelle Zeile. Werden beide Tastenkombinationen nacheinander verwendet, ist der gesamte Arbeitsbereich markiert.

109. Mehr Platz schaffen

Eine zusätzliche Zeile oder Spalte in eine Excel-Tabelle einzufügen ist ganz einfach: Nach Auswählen des Menüs *Einfügen* muss nur noch die Option *Zeile* oder *Spalte* angeklickt werden, schon fügt Excel an der aktuellen Cursorposition wie gewünscht eine Zeile oder Spalte ein. Wer jedoch mehrere Zeilen oder Spalten einfügen will, muss den Vorgang entsprechend häufig wiederholen, da dafür keine Funktion vorgesehen wurde.

Ein Trick erleichtert die Arbeit: Einfach so viele Zeilen oder Spalten markieren, wie eingefügt werden sollen. Danach die Funktion *Einfügen* benutzen – schon verschiebt Excel die markierten Zeilen oder Spalten und sorgt für den gewünschten Platz. Es gehen keine Daten verloren.

110. Übersichtliche Tabellen

Lange Listen sind besser lesbar, wenn die Hintergrundfarbe der Zeilen abwechselt. Das Problem: Wird nach der Formatierung eine Zeile eingefügt oder verschoben, muss alles neu formatiert werden. Abhilfe schafft die *bedingte Formatierung* in Excel. Dazu den gewünschten Zellbereich markieren und *Format › Bedingte Formatierung* aufrufen.

Im Feld *Bedingung 1* die Option *Formel* wählen und rechts daneben „Rest(zeile();2)=0" eintragen, für alle Zellen mit gerader Zeilennummer. Danach auf *Format* klicken und die Zellen wie gewünscht formatieren. Anschließend *Hinzufügen* auswählen und eine zweite Regel festlegen, für alle ungeraden Zeilen. Dort die Formel „Rest(Zeile();2)=1" eintragen und ebenfalls formatieren.

111. Zeilenumbrüche in Excel

Manchmal soll sich eine mit Text gefüllte Zelle in Excel über mehrere Zeilen erstrecken. Nur wie? Wer [Enter] drückt, bestätigt die Zelle – und erreicht unverzüglich den nächsten Eingabebereich. Ähnlich sinnlos ist es, [Enter] zusammen mit [Shift] oder [Strg] zu betätigen, obwohl das in Word zum gewünschten Ergebnis führt.

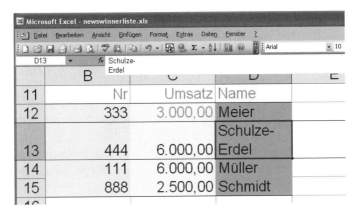

Aber Microsoft hält nicht viel von Vereinheitlichung und erwartet, dass in Excel die Tastenkombination [Alt][Enter] benutzt wird. Das erzeugt eine Leerzeile im Textfeld und erlaubt es, eine Zelle so auf beliebig viele Zeilen zu erweitern. Wenn alles eingegeben ist, lässt sich die Eingabe wie gewohnt mit [Enter] quittieren. Achtung: Dadurch ändert sich der Platzbedarf der gesamten Zeile.

112. Felder verstecken in Excel

Nicht immer soll das, was über den Bildschirm flimmert, später auch auf Papier zu sehen sein. Die ein oder andere in Excel-Feldern enthaltene Zwischenrechnung oder Anmerkung ist nicht für die Allgemeinheit bestimmt oder stört im Ausdruck die Übersichtlichkeit. Doch Excel kann angewiesen werden, einzelne Felder beim Ausdruck oder Export auszusparen.

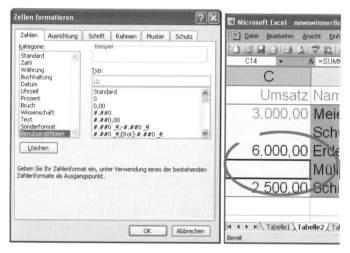

Dazu die betreffende Zelle markieren und das Menü *Format › Zellen* wählen. Danach im Register *Zahlen* in der Liste *Kategorie* den Typ *Benutzerdefiniert* wählen und als Typ drei Semikola (;;;) eintragen. Der Zellinhalt verschwindet augenblicklich. Wer auf Nummer Sicher gehen will, setzt im Register *Schrift* die Schriftfarbe auf die des Hintergrunds. Das ist dann wie Zaubertinte.

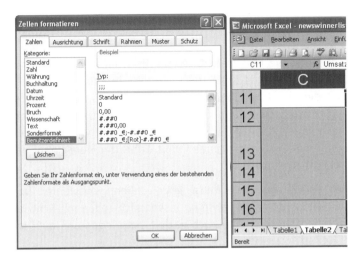

113. Zeilen und Spalten tauschen

Was tun, wenn sich irgendwann herausstellt, dass Zeilen und Spalten in einer Tabelle besser getauscht werden sollten? Innerhalb der Textverarbeitung Word ist diese Aufgabe kaum zu bewältigen. Macht aber nichts, solange auch Excel installiert ist. Denn für den Zahlenkünstler ist so etwas keine Pflicht, sondern Kür.

Die betreffende Tabelle wird in Word markiert und in die Zwischenablage kopiert. Anschließend in Excel über *Bearbeiten › Inhalte einfügen* in den Arbeitsbereich einfügen. Wichtig: Im Dialogfeld die Option *Transponieren* aktivieren, dann übernimmt Excel die Umwandlung automatisch. Jetzt die Tabelle erneut markieren und über die Zwischenablage in das ursprüngliche Word-Dokument übernehmen. Natürlich funktioniert das Tauschen ebenso elegant mit Excel-Tabellen.

114. Fehler aufspüren

Wer größere Zahlenmengen zu verarbeiten hat, greift in der Regel zu Excel, Microsofts Tabellenkalkulation aus dem Office-Paket. Doch jeder Excel-Benutzer weiß aus leidvoller Erfahrung: Schnell haben sich kleine Flüchtigkeitsfehler in so eine Tabelle eingeschlichen, etwa durch unkorrekte Zellbezüge, falsch kopierte Formeln oder nicht ausgefüllte Bereiche.

Excel bietet die Möglichkeit, automatisch nach solchen Fehlern zu fahnden. Ein praktischer Service. Wer ihn in Anspruch nehmen will, sollte die Dialogbox über das Menü *Extras > Optionen* aufrufen und die Option *Fehlerprüfung im Hintergrund aktivieren* einschalten. Excel markiert dann fehlerhafte Zellen dezent, aber dennoch erkennbar mit einem kleinen grünen Punkt. Fährt der Mauscursor darüber, erscheint ein Hinweis.

Doch es gibt noch ein Mittel gegen Flüchtigkeitsfehler: Über die Funktion *Extras > Fehlerprüfung* lassen sich Zellen mit Schwierigkeiten außerdem der Reihe nach gezielt anspringen und die Probleme bei Bedarf korrigieren.

115. Tipparbeit in Excel sparen

Wer mit Excel Tabellen anlegt und pflegt, muss dabei oft wiederholt identischen Text eingeben, etwa Namen, Postleitzahlen, Orte oder Produktbezeichnungen. Auf Wunsch nimmt einem Excel solche lästigen Tipparbeiten jedoch gern ab. Dazu einfach mit der rechten Maustaste auf die gewünschte Zelle klicken und im Kontextmenü die Funktion *Auswahlliste* auswählen.

Excel ermittelt nun blitzschnell alle bereits vorhandenen Textwerte in der betreffenden Spalte und präsentiert sie alphabetisch sortiert auf dem Bildschirm. Der gewünschte Texteintrag kann hier nun bequem mit Hilfe der Maus ausgewählt und bestätigt werden. So sind selbst lange Texteingaben ohne einen einzigen Tastendruck möglich.

116. Tabellen vor Überschreiben schützen

Wer verhindern möchte, dass andere in einem Excel-Spreadsheet Korrekturen vornehmen, aktiviert den so genannten *Blattschutz*. Damit lassen sich gezielt Formeln, Werte oder andere Inhalte davor schützen, überschrieben oder gelöscht zu werden. Zuerst alle Zellen markieren, in denen Eingaben erlaubt sein sollen.

Die Taste [Strg] drücken, um mehrere Zellen zu markieren. Danach die Funktion *Format Zellen* aufrufen und das Register *Schutz* auswählen. Die Option *Gesperrt* deaktivieren. Anschließend das komplette Arbeitsblatt sperren: Dazu die Funktion *Blatt schützen* im Menü *Extras Schutz* aufrufen. Danach lassen sich nur die vorher explizit freigegebenen Zellen verändern.

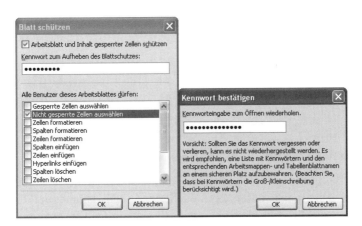

117. Formel oder Ergebnis?

Jedes Spreadsheet besteht aus Formeln und Daten. Normalerweise präsentiert Excel die Ergebnisse auf dem Bildschirm. Wer die Berechnungsgrundlage für ein Ergebnis sehen möchte, muss die betreffende Zeile mit dem Cursor ansteuern. Danach zeigt Excel die zur Berechnung herangezogene Formel im Eingabefeld unterhalb der Menüleiste.

Manchmal ist jedoch eine umfassendere Übersicht erwünscht. Wer statt der Ergebnisse lieber die Formeln sehen möchte, benutzt einfach die Tastenkombination [Strg][#]. Excel wechselt dann den Darstellungsmodus und zeigt statt der Ergebnisse Formeln. Mit derselben Tastenkombination lässt sich die vertraute Ansicht auch reaktivieren.

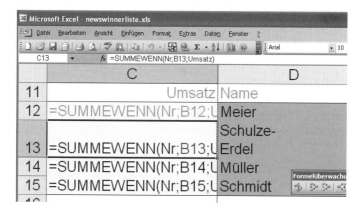

118. Postleitzahlen korrekt anzeigen

In Deutschland sind Postleitzahlen fünfstellig, selbst wenn sie mit einer *o* beginnen sollten. Fehlt die führende Null, kann es vorkommen, dass ein Brief in Mönchengladbach statt in Leipzig ankommt. Das Problem: Excel unterdrückt führende Nullen von Hause aus.

Deshalb sollten Excel-Benutzer Postleitzahlen-Felder entsprechend formatieren. Dazu die betreffenden Zellen markieren und im Menü *Format* die Funktion *Zellen* aufrufen. Danach auf das Register *Zahlen* klicken und die Kategorie *Sonderformate* auswählen. Das Format Postleitzahl sorgt dafür, dass *Postleitzahlen* garantiert fünf Stellen haben.

119. Vorsicht vor der Excel-Falle

So wie die meisten Windows-Programme erlaubt es auch Excel, mit mehreren Dateien gleichzeitig zu arbeiten. Entsprechend viele Fenster erscheinen auf dem Bildschirm. In einigen Versionen von Excel kann genau das allerdings zum Problem werden: Schließt der Benutzer ein Fenster, beendet Excel auch die Arbeit mit allen anderen Dateifenstern – automatisch, ohne weitere Nachfrage.

Das Problem: Alle eventuell noch nicht gesicherten Eingaben und Korrekturen gehen unwiderruflich verloren. Einzige Abhilfe: Der aktuelle Datenbestand sollte regelmäßig mit Hilfe der Funktion *Datei › Speichern* oder der Tastenkombination [Strg][S] gesichert werden, spätestens jedoch, bevor ein Fenster geschlossen wird.

120. Wenn Excel durch Null teilt

Eigentlich meint es Excel nur gut: Taucht in einer Tabelle eine Division durch Null auf, hat das unweigerlich eine eindeutige Fehlermeldung zur Folge. Durch Null zu teilen ist in der Mathematik nun mal nicht erlaubt. Doch solche Warnhinweise stören, wenn eine Tabelle erst noch mit Werten gefüllt werden will und mangels Eingaben eine Fehlermeldung entsteht.

Wer Belehrungen von Excel vermeiden will, muss zu einem Trick greifen. Kommt die Funktion ISTFEHLER in Kombination mit der WENN-Anweisung zum Einsatz, lassen sich störende *#DIV/o*-Einblendungen wirkungsvoll verhindern, etwa durch eine Anweisung wie: *=WENN(ISTFEHLER(A1/B1);;A1/B1)*. Für A1 und B1 müssen lediglich die entsprechenden Zellnamen eingetragen werden.

121. Eingabe de luxe in Excel

Wenn in Excel lange Zahlenkolonnen eingegeben werden müssen, kann es sich als störend erweisen, dass sich der Eingabecursor nach Betätigen von [Return] automatisch in die nächste Zeile bewegt. Manchmal wäre die nächste Spalte praktischer. Welche Wirkung [Return] hat, lässt sich im Menü *Extras › Optionen* im Register *Bearbeiten* festlegen.

Durch Aktivieren der Option *Markierung nach dem Drücken der Eingabetaste verschieben* und die Einstellung in der Option *Richtung* wird Excel die Bewegungsrichtung vorgegeben. Damit der Cursor bei Erreichen der letzten Zelle einer Eingabezeile automatisch in die nächste Zeile wechselt, muss lediglich vorher der gewünschte Zellbereich markiert werden.

122. Reihen in Excel erweitern

Excel ist beim Ausfüllen von Formularen nur zu gern behilflich. Muss zum Beispiel eine Zahlenreihe erweitert werden, leistet die Funktion *Datenreihe ausfüllen* gute Dienste. Dazu zunächst die Reihe markieren, die erweitert werden soll. Anschließend die Maus in die rechte untere Ecke der Markierung positionieren.

Wenn das Pluszeichen erscheint, bei gedrückter rechter Maustaste den Zellbereich in die gewünschte Richtung erweitern. Nach Loslassen der rechten Maustaste die Option *Datenreihe ausfüllen* auswählen. Excel bemüht sich, die Regel der Reihe selbständig zu erkennen, und erweitert sie automatisch. Praktisch: Das automatische Erweitern funktioniert auch mit Datumsangaben.

123. Inhalte bequem kopieren

Das Ausfüllen von Formularen und Listen kann ganz schön lästig sein, ist aber oft nicht zu vermeiden. Wie schön, wenn Excel dann beim Einfügen der nötigen Daten behilflich ist. Die Tabellenkalkulation bietet zum Beispiel einen praktischen Kopierservice, den viele nicht kennen. Die Tastenkombination [Strg][,] kopiert automatisch den Inhalt der jeweils über der aktuellen Cursorposition liegenden Zelle.

Soll ein Bereich gefüllt werden, den Cursor in der Zelle mit dem zu kopierenden Inhalt positionieren und den zu füllenden Bereich markieren. Soll ein horizontaler Bereich gefüllt werden, einfach [Strg][R] drücken. Um einen vertikalen Bereich zu füllen (von oben nach unten), [Strg][U] betätigen.

124. Bereiche beim Namen nennen

Wenn Excel-Spreadsheets größer werden, leidet auch die Übersichtlichkeit. Denn mit der Zeit wird es immer schwieriger, sich in Formeln auf bestimmte Zellen oder Bereiche zu beziehen. Einen besseren Überblick versprechen Bereichsnamen. Sie geben einem Zellbereich beliebiger Größe einen Namen, auf den sich Excel-Benutzer in Formeln beziehen können.

Dazu einfach den gewünschten Bereich markieren und anschließend die Funktion *Namen › Definieren* im Menü *Einfügen* auswählen. Danach sind praktische Formeln wie *summe(umsatz)* möglich. Wichtig: Durch Betätigen von [F4] im Eingabefeld *Bezieht sich auf* kann beim Anlegen des Bereichsnamens beliebig zwischen absoluten und relativen Zellbezügen gewechselt werden.

125. Heute und jetzt in Excel

Wie spät ist es eigentlich? Wer gerade die Tabellenkalkulation Microsoft Excel geöffnet hat, bekommt schnell und bequem eine Antwort. Denn mit Hilfe der Tastenkombination [Strg][:] fügt Excel automatisch an der aktuellen Cursorposition die Uhrzeit ein.

Wer hingegen das Datum einfügen möchte, betätigt die Tastenkombination [Strg][.], schon erscheint das Tagesdatum an der aktuellen Cursorposition. Ideal, wenn immer wieder das aktuelle Datum eingegeben werden muss. Diese Tastenkombinationen funktionieren wie *Stempel* und werden nicht aktualisiert. Wer automatisch das jeweils aktuelle Datum und die gerade aktuelle Uhrzeit braucht, benutzt in einer Formel die Funktionen jetzt() und heute().

126. Datumseingabe beschleunigen

Excel ist zwar ein Zahlenkünstler – doch mit Datumseingaben hat das Programm manchmal Schwierigkeiten. Nicht immer führen Eingaben mit Punkt dazu, dass Excel diese Eingaben als Datum akzeptiert. Die Zehnertastatur eignet sich ohnehin nicht, da nur ein Komma, aber kein Punkt zur Verfügung steht.

Doch es gibt einen einfachen Trick, Excel mit Datumseingaben zu füttern: Statt durch einen Punkt werden Tag, Monat und Jahr einfach durch einen Schrägstrich getrennt, so wie es die Amerikaner machen. Dann erkennt Excel, dass es sich um Datumseingaben handelt, und reagiert entsprechend. Bei Datumsangaben im aktuellen Jahr kann das Jahr weggelassen werden. Excel ergänzt die Eingabe entsprechend. Aus „12/10" wird dann automatisch der „12.10.2004".

127. Zurück in die Zukunft

Beim Austausch von Excel-Tabellen kommt es mitunter zu merkwürdigen Zeitsprüngen in Datumsfeldern. Das Phänomen tritt vor allem dann auf, wenn Windows- und Mac-Benutzer ihre Daten miteinander teilen. Hintergrund: Mac und Windows gehen unterschiedlich mit

Datumsangaben um. Während die interne Zeitrechnung von Windows beim 1. Januar 1900 beginnt, fängt der interne Kalender des Macs beim 1. Januar 1904 an.

Beide Rechner merken sich Datumsangaben aber relativ zum jeweiligen Startdatum, was dann zu Zeitsprüngen führen kann. Das Problem lässt sich meist beseitigen, indem im Menü *Extras* die Funktion *Optionen* aufgerufen und unter *Berechnung* das Häkchen vor *1904-Datumswerte* aktiviert oder deaktiviert wird.

128. Rechnen wie die Römer

Die Römer hatten bekanntlich ihre ganz eigene Methode, Zahlen darzustellen. Wer einen numerischen Wert in die römische Schreibweise übersetzen möchte, kann auf die Hilfe von Excel zählen. Die Funktion *=römisch(Zahl)* übersetzt jeden beliebigen Wert in das entsprechende römische Pendant.

Natürlich kann anstatt einer Zahl auch eine Feldbezeichnung angegeben werden – dann hat man Ursprung und Ergebnis auf einen Blick unter Kontrolle. Einschränkung: Das Ganze funktioniert nur mit ganzen Zahlen zwischen 1 und 3999. Außerhalb dieses Bereichs reagiert die Tabellenkalkulation mit einer Fehlermeldung. Doch zur Darstellung etwa von Jahreszahlen reicht das völlig.

129. Excel und der Euro

Nun ist der Euro schon eine ganze Weile da. Doch manch einer greift immer noch dann und wann zum Taschenrechner, um zwischen alter und neuer Währung hin und her zu rechnen. Wer das vermeiden will, sollte den Eurowährungskonverter von Microsoft benutzen.

Das nützliche Miniprogramm für Office XP erkennt selbständig, wenn in Dokumenten von Word und Excel europäische Währungen vorkommen. Auf Wunsch werden die Beträge umgerechnet und auf Knopfdruck dann in Text oder Tabelle eingefügt. Das es sich bei dem Miniprogramm um einen Smarttag handelt, funktioniert der Service allerdings nur mit dem neuen Office XP. Das nützliche Programm kann kostenlos auf der Homepage von Microsoft heruntergeladen werden, und zwar unter www.sogehtsleichter/euro.

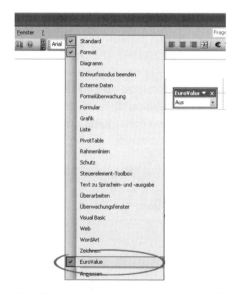

Der Euro-Umrechner in Excel, der blitzschnell zwischen alter und neuer Währung übersetzt, wird allerdings immer weniger benötigt. Er erscheint auf vielen PCs automatisch nach jedem Start von Excel als kleines Fenster auf dem Bildschirm. Wer den Euro-Rechner dauerhaft abschalten will, klickt mit der rechten Maustaste auf eine freie Stelle in der Menüleiste von Excel. Im daraufhin erscheinenden Menü die Option *EuroValue* deaktivieren. Die Funktion des Euro-Rechners bleibt weiterhin über die Menüleisten verfügbar, nur erscheint das Euro-Fenster nicht mehr automatisch auf dem Bildschirm.

Der Euro ist zwar mittlerweile längst einziges gültiges Zahlungsmittel, trotzdem wird auf manchen Computern immer noch in Mark und Pfennig gerechnet. Sollte statt des „€"-Symbols ein „DM" erscheinen, wenn in Excel eine Zelle als *Währung* gekennzeichnet wurde, ist Excel noch nicht auf die neue Währung eingerichtet.

Zwar lässt sich die Währung einer Zelle auch manuell auf Euro umstellen. Praktischer ist es jedoch, das ein für alle Mal zu regeln. Dazu in der Systemsteuerung doppelt auf *Ländereinstellungen* klicken. Benutzer von Windows XP benutzen die Option *Regions- und Sprachoptionen*. Danach im Dialogfeld das Register Währung wählen; in Windows XP die Schaltfläche Anpassen anklicken. Nun kann die gute alte „DM" gegen den Euro getauscht werden.

130. Farbige Registerkarten in Excel

Komplexe Tabellen lassen sich in Excel in Tabellenblätter unterteilen und so bequem strukturieren. Am unteren Rand der Arbeitsmappe erscheinen übersichtlich aufgereiht die *Reiter* der einzelnen Registerblätter, die sich durch Mausklick ansteuern lassen. Excel XP erlaubt es erstmals, jedem dieser Reiter eine individuelle Farbe zuzuordnen. So lässt sich die Übersichtlichkeit deutlich verbessern.

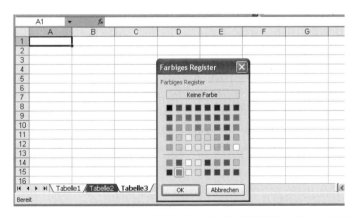

Dazu mit der rechten Maustaste auf den gewünschten Tabellenblatt-namen klicken und im Kontextmenü die Funktion *Registerfarbe* aus-wählen. Anschließend kann bequem die gewünschte Farbe bestimmt und mit *OK* zugewiesen werden. Um eine Farbzuordnung wieder auf-zuheben, einfach die Option *Keine Farbe* anklicken.

131. Das Geheimnis der Rollen-Taste

Sie ist auf jeder Tastatur zu finden, meist unauffällig zwischen [Druck] und [Pause] platziert. Doch nur die wenigsten PC-Benutzer wissen mit der Taste [Rollen] etwas anzufangen. Kein Wunder, da viele Program-me sie einfach ignorieren. Dabei kann die Sondertaste nützliche Dienste leisten.

In Excel zum Beispiel. Im eingerasteten Zustand (LED leuchtet) be-wegt die Tabellenkalkulation beim Betätigen der Cursortasten nicht den Cursor, sondern rollt den Fensterinhalt. Was sonst mit der Maus gemacht wird, lässt sich so auch bequem mit der Tastatur erledigen. Ein Service, der sich vor allem auf Notebooks ohne angeschlossene Maus als praktisch erweisen kann. Tipp: Einmal [Return] drücken, und Excel springt zurück an die aktuelle Cursorposition.

132. Farbenfrohere 3D-Grafiken

Excel ist ein Grafikkünstler: Das Programm erstellt ohne viel Aufwand ansprechende 3D-Grafiken und bietet reichlich Einstellmöglichkei-ten, um auf die Farben, Blickwinkel und Legenden Einfluss zu neh-men. Lediglich der Hintergrund der 3D-Grafiken erscheint stets in tristem Grau.

Doch auch das ist kein Naturgesetz und lässt sich ändern: Einfach mit der rechten Maustaste auf den Hintergrund klicken und im Kon-textmenü die Funktion *Wände formatieren* auswählen. Anschließend lassen sich nicht nur die Ränder formatieren, sondern auch Farben für den Hintergrund wählen. Wer auf *Fülleffekte* klickt, kann sogar aufwendige Farbverläufe für den Hintergrund wählen. Tristesse ade.

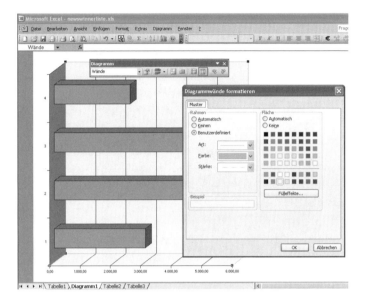

133. Schnelle Balkengrafik

Ein Bild sagt mehr als tausend Worte. Das stimmt nicht immer, aber häufig. Deshalb nutzen viele gern die ausführlichen Grafikfunktionen von Excel. Das Programm erzeugt auf Wunsch schnell ansprechende Diagramme. Es gibt zahlreiche Einstellmöglichkeiten, doch oft reicht eine ganz simple Balkengrafik.

Wer sich in diesem Fall nicht durch die entsprechenden Menüs und Optionen klicken will, um Farbe, Gestaltung und Legenden bis ins Detail festzulegen, markiert einfach mit der Maus die gewünschten Zahlenwerte und drückt anschließend die Tastenkombination [Alt][F1]. Excel präsentiert dann eine zweidimensionale Balkengrafik, die für einen ersten Eindruck reicht. Da gleichzeitig das Diagramm-Menü erscheint, lässt sich die Grafik bei Bedarf jedoch auch mit wenigen Mausklicks an persönliche Bedürfnisse anpassen.

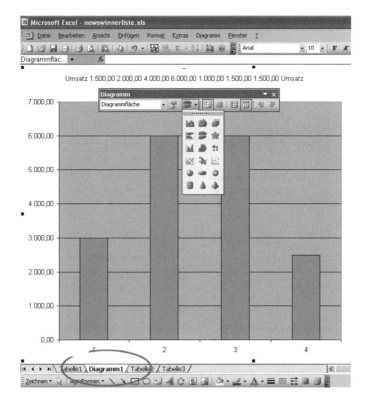

134. Flimmerfreie Makros

Viele Excel-Benutzer machen sich gern die praktischen Möglichkeiten der Makros zunutze. Makros erlauben es, komplexe Aufgaben und Berechnungen bequem in wenigen Programmzeilen zusammenzufassen. Ein Problem dabei: Oft flimmert und flackert der Bildschirm, während ein umfangreicheres Makro ausgeführt wird. Hintergrund: Excel ist bemüht, die Bildschirmanzeige nach jeder Befehlszeile zu aktualisieren.

Wer den so entstehenden Flimmereffekt verhindern will, fügt einfach am Anfang des Makros die Anweisung „Application.ScreenUpdating =False" ein. Sie sorgt dafür, dass Excel den Bildschirm nicht mehr auffrischt. Am Ende wird die Anzeige mit „Application.ScreenUpdatin g=True" wieder eingeschaltet.

135. Notizzettel für Excel

Allzu schnell wird eine Tabelle voluminös und irgendwann dann sogar unübersichtlich. Wer sich dann noch erinnern möchte, wie eine bestimmte Formel oder ein gewisser Wert zustande gekommen ist,

wird dankbar sein, dass Excel eine Art Notizzettelfunktion anbietet: Einfach die gewünschte Zelle markieren und die Funktion *Kommentar* im Menü *Einfügen* auswählen.

Wahlweise lässt sich die Zelle auch mit der rechten Maustaste anklicken und die Option *Kommentar einfügen* auswählen. Noch schneller geht´s mit [Shift][F2]. Zellen mit Kommentar werden durch ein rotes Dreieck in der rechten oberen Ecke gekennzeichnet. Fährt der Mauscursor darüber, erscheint der Kommentar automatisch auf dem Bildschirm.

136. Kontakte nach Excel exportieren

Outlook bietet zwar die Möglichkeit, relativ komfortabel Kontakte zu verwalten, doch was das Auswerten von Namen und Adressen betrifft, ist Outlook verhältnismäßig bescheiden ausgestattet. Viele Office-Benutzer bearbeiten umfangreiche Kontaktlisten deshalb lieber in Excel oder einer anderen Tabellenkalkulation. Dort stehen in der Regel mehr Möglichkeiten und Funktionen zur Verfügung, um Listen komfortabel zu bearbeiten.

Ein solches Bearbeiten der Listen in Excel ist problemlos möglich, da Outlook und Excel perfekt kooperieren. Innerhalb von Outlook dazu die Kontakte aktivieren und im Menü *Datei* die Funktion *Importieren/ Exportieren* auswählen. Anschließend für die Option *Exportieren in eine Datei* entscheiden. Nachdem auch der Dateiname festgelegt ist, speichert Outlook die Kontakte in einem für Excel verdaulichen

Format ab. Beim ersten Mal muss in der Regel das nötige Modul nach-installiert werden, deshalb Office-CD bereithalten.

137. Privatsphäre in Office beachten

Word, Excel und Powerpoint merken sich, wer ein Dokument angefer-tigt und bearbeitet hat. Mit Hilfe der Funktion *Datei › Eigenschaften* kann sich davon jeder überzeugen. Was meist praktisch ist, kann auch zum Ärgernis werden: Manchmal ist eben Diskretion erwünscht. Nicht immer sollen Urheber und Bearbeiter eines Dokuments be-kannt sein.

Auf Wunsch können die Büroprogramme schweigen. Einfach die Funktion *Extras › Optionen* auswählen und anschließend auf Sicher-heit klicken. Wer danach die Option *Persönliche Informationen beim Speichern aus dieser Datei entfernen* aktiviert, stellt sicher, dass Of-fice alles, was Rückschlüsse auf Urheber oder Bearbeiter zulässt, für sich behält.

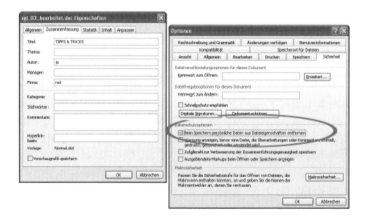

138. Automatisch Tabelle laden

Jeden Morgen dieselbe Prozedur: Erst Excel starten, dann die üb-lichen Tabellen laden. Doch diese Mühe lässt sich vermeiden. Wer stets mit denselben Tabellen arbeitet, sollte Excel anweisen, sie beim Start gleich automatisch zu laden. Dazu Excel starten und die gewünschten Tabellen laden.

Anschließend die Tabellen mit Hilfe von *Speichern unter* im Menü *Datei* im Autostart-Ordner von Excel speichern. Der entsprechende Ordner nennt sich *Xlstart* und befindet sich im Office-Programmverzeichnis. Wer die Tabelle lieber im bisherigen Ordner belassen möchte, kann mit Hilfe des Windows Explorers im Xlstart-Ordner einfach eine Verknüpfung zur eigentlichen Tabellendatei anlegen. Das funktioniert genauso gut.

139. Namen auf Spalten verteilen

Wer die Tabellenkalkulation Excel auf seiner Festplatte hat, macht mit Microsofts Rechenkünstler meist mehr, als nur Zahlenreihen zu verarbeiten. Denn Excel ist auch ein prima Programm zum Verwalten langer Listen. Wer eine bereits vorhandene Liste übernehmen möchte, kann sicher sein: Irgendwie lassen sich die Daten auf jeden Fall in Excel übernehmen (einlesen). Denn Excel kann diverse Dateiformate importieren.

Allerdings ergibt sich häufig ein nicht zu unterschätzendes Problem: Oft erscheinen gleich mehrere Daten in einer einzelnen Datenzelle, etwa Nachname und Vorname, die durch Komma getrennt sind. Manchmal wäre es aber praktischer, wenn jedes Datenfeld in einer eigenen Spalte auftaucht.

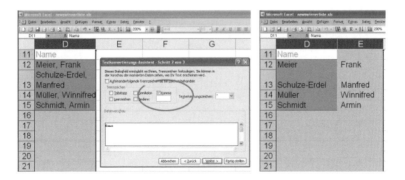

Kein Problem, denn Excel ist bei der Neuordnung behilflich. Einfach die betroffenen Zellen markieren und die Funktion *Text in Spalten* im Menü *Daten* aufrufen. Anschließend lässt sich festlegen, ob Leerzeichen oder Kommata als Trennzeichen interpretiert werden sollen. Danach verteilt Excel die importierten Daten übersichtlich auf mehrere Spalten.

140. Listen mit Excel sortieren

Excel ist zwar in erster Linie ein ausgewiesenes Rechentalent, doch viele PC-Benutzer nutzen eine ganz andere Fähigkeit der Tabellenkalkulation: das komfortable Verwalten von Listen. Irgendwann besteht die Notwendigkeit, so eine Liste zu sortieren. Kein Problem, denn Excel bietet zahlreiche Möglichkeiten an.

Einfach die Zeilen markieren, die sortiert werden sollen, und im Menü *Daten* die Funktion *Sortieren* auswählen. Anschließend lässt sich bequem die Spalte bestimmen, die für die Sortierung relevant sein soll. Selbst ein mehrstufiges Sortierverfahren ist möglich, etwa erst nach Namen, dann nach Vornamen. Excel sortiert die markierte Tabelle und tauscht die kompletten Zeilen entsprechend aus.

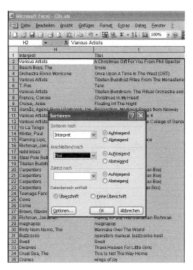

141. Schneller Fensterwechsel

Wer mit Microsoft Word, Excel oder Powerpoint arbeitet, hat oft mehrere Fenster gleichzeitig geöffnet. Sofern der Bildschirm einigermaßen aufgeräumt ist, lässt es sich bequem mit Hilfe der Maus zwischen den offenen Fenstern hin und herspringen. Sollten sich die Fenster jedoch überlappen, kann es schon etwas schwieriger werden, das gewünschte Fenster zu erwischen.

In diesem Fall lohnt zweifellos ein Griff zur Tastatur: Mit der Tastenkombination [Strg][F6] können Office-Benutzer bequem das jeweils nächste Dokumentenfenster auswählen. Eine Tastenkombination, die vor allem Notebook-Benutzern ohne Bewegungsraum für die Maus wertvolle Dienste leistet. Wer gleichzeitig auch noch die Taste [Shift] drückt, springt rückwärts.

142. Tabellen absichern

Excel erlaubt es, Tabellen bei Bedarf durch ein Kennwort abzusichern, damit nur Eingeweihte reinschauen können. Das Problem: Excel XP benutzt ein anderes Verschlüsselungsverfahren als frühere Versionen von Microsofts Tabellenkalkulation. Doch wer ein anderes Verfahren benutzt, kann seine Tabellen auch in älteren Excel-Versionen öffnen.

Dazu *Speichern unter* im Menü *Datei* auswählen und auf *Extras* klicken. Danach *Allgemeine Optionen* wählen und wie gewohnt das Kennwort eintippen. Nun auf Weitere klicken und im Auswahlfeld *Verschlüsselungstyp* die Methode *Office 97/2000* kompatibel markieren. So ist sichergestellt, dass es auch in älteren Versionen keinerlei Probleme beim Öffnen gibt.

143. Excel: In Zellen rechnen

Excel erlaubt es, auf alle markierten Zellen gleichzeitig die vier Grundrechenarten anzuwenden. Auf diese Weise lässt sich eine Zahlenreihe bequem verändern. Etwa: alle Preise um 10% erhöhen, alle Messwerte halbieren oder einen bestimmten Wert addieren.

Dazu den Operanden in eine freie Zelle eintragen und mit [Strg][C] in die Zwischenablage übernehmen. Anschließend die zu bearbeitenden Zellen markieren und im Menü *Einfügen* die Funktion *Inhalte einfügen* auswählen. Danach die gewünschte Rechenoperation auswählen – und mit OK bestätigen. Wer die Formatierung beibehalten will, sollte im Feld *Einfügen* zudem die Option *Werte* oder *Formel* auswählen.

144. Arbeitsmappen in Excel

Excel-Benutzer arbeiten häufig mit mehreren Arbeitsblättern gleichzeitig. Doch anstatt die betreffenden Dokumente jedes Mal alle einzeln zu öffnen und am Ende auch wieder alle einzeln zu speichern, sollte besser ein Aufgabenbereich angelegt werden. Denn so lässt sich einiges an Tipp- und Klickarbeit sparen, weil die Dokumente zu einem Projekt verschmolzen werden.

Die einzelnen Dateien bleiben dennoch weiter eigenständig. Dazu in Excel alle gewünschten Dokumente laden. Anschließend im Menü *Datei* die Funktion *Aufgabenbereich speichern* auswählen. Danach muss nur noch der Name des Arbeitsbereichs festgelegt werden. Ein Klick auf OK, und Excel merkt sich die Zusammengehörigkeit der Dokumente.

145. Komplette Arbeitsmappe durchsuchen

Mit Excel erstellte Tabellen werden mit der Zeit gern immer umfangreicher und erstrecken sich nicht selten über mehrere Arbeitsblätter. Die Suchfunktion von Excel jedoch durchforstet gewöhnlich nur das aktuelle Arbeitsblatt. Wer die gesamte Arbeitsmappe nach einem Begriff durchsuchen möchte, wählt in Excel XP die Funktion *Suchen* im Menü *Bearbeiten* und klickt im Dialog *Optionen* im Bereich *Suchen* die Option *Arbeitsmappe* an.

Danach den Suchbegriff eingeben und *Alle suchen* auswählen. In älteren Excel-Versionen muss ein Trick angewendet werden: Zuerst das erste Tabellenblatt auswählen. Danach die Taste [Shift] drücken und das letzte Register der Arbeitsmappe anklicken. Dadurch sind alle

Tabellen markiert. Mit Hilfe der Funktion *Suchen* im Menü *Bearbeiten* lassen sich nun der Reihe nach alle Fundstellen aufspüren.

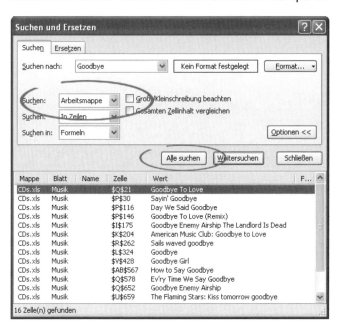

146. Praktisches Minidatenfenster

So manche Excel-Tabelle erreicht mit der Zeit beachtliche Dimensionen. Für Excel selbst ist das kein Problem, doch der Benutzer hat die Mühe, sich in der voluminösen Tabelle zurechtzufinden. Oft gibt es eine bestimmte Zelle, die wichtige Daten enthält, gleichzeitig aber nicht im sichtbaren Bereich platziert ist, wo die Daten eingegeben werden. Eine spezielle Art von Spickzettel kann hier weiterhelfen.

Dazu die gewünschte Zelle ansteuern und mit [Strg][C] in die Zwischenablage kopieren. Das darf durchaus auch eine Zelle mit Formeln sein. Anschließend bei gedrückter [Shift]-Taste das Menü *Bearbeiten* auswählen. Dort die ansonsten unsichtbare Option *Verknüpftes Bild einfügen* auswählen. Excel fügt nun eine Grafik mit dem jeweils aktuellen Zellinhalt ins Dokument ein. Die Minigrafik lässt sich völlig frei platzieren und auch dimensionieren.

KAPITEL 4:

FOTOS, GRAFIK UND PRÄSENTATION

Früher waren Computer in erster Linie zum Rechnen da; daher auch ihr Name (to compute = rechnen). Sie haben Umsätze gebucht, Mondlandungen vorausberechnet oder sich mit dem Klimawechsel beschäftigt. Rechnen ist auch heute das Einzige, was Computer können. Nur: Diese Fähigkeit wird immer mehr für andere Aufgaben genutzt. Zum Darstellen beeindruckender Grafiken, für multimediale Präsentationen in tristen Büros und für temporeiche Spiele jeder Art zum Beispiel. Selbst die Benutzeroberfläche des Computers ist heute vor allem eins: eine bunte Präsentation.

Man sollte das nicht unterschätzen: Ansprechende Grafiken darzustellen, vor allem bewegte, ist eine ungemein anspruchsvolle Sache. Da hat jeder Computer gut zu tun. Wir wollen uns erinnern: Als im ersten Teil von „Jurassic Park" ein paar computeranimierte Dinos durchs Bild huschten, nur wenige Minuten in einem Zwei-Stunden-Epos, musste Steven Spielberg dafür die besten Grafikcomputer der Welt anmieten – und Millionenbeträge bezahlen.

Das ist aber schon eine Ewigkeit her (ein paar Jahre), heute macht das jeder durchschnittliche Heim-PC mit ansehnlicher 3D-Karte live quasi genauso gut. Kaum jemand möchte darauf heute noch verzichten. Wir klicken bunte Icons an, anstatt Befehle einzutippen. Wir bearbeiten Fotos und Videos am Computer und lassen uns von Spielen unterhalten.

Für Bilder, Fotos, Videos und Animationen geht jede Menge Rechenzeit drauf. Bilder und Grafiken kommen heute aber natürlich auch im Büro zum Einsatz. Immer dann, wenn Abläufe veranschaulicht werden sollen. Eine Präsentation ohne Powerpoint? Heute kaum noch vorstellbar. Powerpoint hat Folien und Tafeln nahezu vollständig verdrängt. Das Präsentationsprogramm projiziert mit PC-Hilfe Ideen und Konzepte an weiß getünchte Bürowände. Klick – nächstes „Slide". Das macht aus schlechten Ideen keine guten, lässt sie aber zumindest ein bisschen besser aussehen.

147. Powerpoint ohne Powerpoint

Eine moderne Präsentation ohne Powerpoint? Heute eigentlich kaum noch vorstellbar. Aber nicht jeder hat die teure Präsentations-Software auf seinem Rechner installiert. Ist auch nicht nötig, denn Microsoft bietet auf seiner Webseite einen kostenlosen Powerpoint Viewer an. Ein Spezialprogramm zum bequemen Betrachten von Powerpoint-Dokumenten.

Einfach unter www.sogehtsleichter.de/ppoint die nötige Software herunterladen. Mit dem Programm lassen sich alle gängigen Powerpoint-Präsentationen betrachten. Die Software zeigt auch Animationen, Grafikeffekte und Hyperlinks. Auf Wunsch können die Präsentationen auch gedruckt werden.

148. Wenn Powerpoint pausiert

Kaum ein Vortrag in deutschen Büroräumen ohne Powerpoint. Doch auch eine selbst ablaufende Diashow muss mal angehalten, ein Vortrag womöglich kurz unterbrochen werden. Damit Powerpoint anschließend nicht wieder von vorne beginnt, einfach während des Vortrags die Taste [B] drücken – genauso gut funktioniert auch der Punkt. Powerpoint präsentiert nun einen schwarzen Bildschirm, eine automatisch ablaufende Show wird eingefroren.

Um mit der Präsentation fortzufahren, einfach dieselbe Taste erneut drücken. Wer für die Pause einen weißen Bildschirm bevorzugt, kann die Taste [W] betätigen. Falls eine Präsentation erneut von Anfang an gezeigt werden soll, einfach beide Maustasten zwei Sekunden lang drücken.

149. Präsentation auf CD

Mit Powerpoint lassen sich bekanntlich beeindruckende Präsentationen anfertigen. Problematisch war bislang immer nur eins: Wer nicht seinen eigenen PC verwendet, musste seine Präsentation irgendwie auf den Rechner im Konferenzraum übertragen bekommen. Mit Powerpoint 2003 ist das nun deutlich einfacher geworden. Denn Powerpoint 2003 brennt auf Wunsch eine Präsentations-CD, die alle nötigen Dateien enthält.

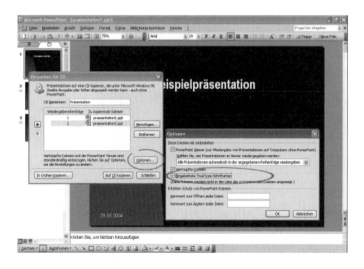

Dazu im Menü *Datei* die Option *Verpacken für CD* auswählen. Anschließend stellt Powerpoint die CD zusammen. Sogar die verwendeten Schriften werden mit auf die Silberscheibe gepackt. Eine auf diese Weise erzeugte Präsentation kann auf jedem PC ab Windows 98 abgespielt werden, auch ohne Powerpoint.

150. Schnellstart für Powerpoint

Eine mit Powerpoint vorbereitete Präsentation zu starten ist nicht schwer: Einfach das Programm aufrufen, die Präsentationsdatei laden und [F5] drücken. Noch schneller geht's, wenn die betreffende Powerpoint-Datei mit der rechten Maustaste angeklickt und im anschließenden Kontextmenü die Funktion *Anzeigen* gewählt wird.

Powerpoint beginnt dann nach dem Laden automatisch mit der Präsentation. Sofern das sofortige Starten der Präsentation Standard sein soll, einfach im Explorer die Dateikennung der betreffenden Präsentation von .PPT in .PPS ändern. Bei Dokumenten mit dieser Dateikennung beginnt Powerpoint von sich aus gleich mit der Präsentation. Eine ideale Vorbereitung für den großen Tag.

151. Fotoalbum in Powerpoint

Mit Powerpoint lassen sich nicht nur bequem Präsentationen vorbereiten, sondern auch komfortabel Fotoalben anlegen. Dazu im Menü *Einfügen* die Funktion *Grafik > Neues Fotoalbum* auswählen. Die Option ist meistens ausgeblendet, deshalb das gesamte Menü ausklappen. Im anschließenden Menü lässt sich auswählen, ob auf der Festplatte gespeicherte Fotos verwendet oder Fotos von einer Kamera geladen werden sollen.

Jedes einzelne Foto lässt sich noch drehen und technisch kontrollieren. Auch die Reihenfolge ist variabel. Danach festlegen, wie viele Fotos pro Folie präsentiert werden sollen und ob eine Beschriftung erwünscht ist. Anschließend erstellt PowerPoint innerhalb von Sekunden das gewünschte Fotoalbum.

152. Zeichensätze austauschen

Das passiert wohl jedem irgendwann mal: Eine mehrseitige Präsentation, aufwendig mit Powerpoint gestaltet – und erst ganz zum Schluss fällt einem auf, dass der verwendete Zeichensatz unglücklich gewählt ist. Anstatt nun jeden einzelnen Text in der Präsentation zu bearbeiten und den alten gegen den neuen Zeichensatz auszutauschen, besser im Menü *Format* die Funktion *Schriftarten ersetzen* auswählen.

Die praktische Option ist oft versteckt, da sie so selten benutzt wird. Deshalb mit dem Mauscursor auf den nach unten weisenden Doppelpfeil im Menü klicken, damit sie auftaucht. Powerpoint tauscht anschließend den derzeitigen Font gegen den gewünschten Zeichensatz aus. Erst wenn das Gezeigte gefällt, mit *Schließen* bestätigen.

153. Ein halber Meter Schrift

Die Mehrzahl der Textprogramme und Grafikanwendungen unter Windows bietet zumindest offiziell Schriftgrößen bis zu 72 Punkt an. Groß genug für einen Brief oder eine auffällige Headline. Aber womöglich nicht ausreichend, wenn mal ein Banner, eine Einladung oder eine Glückwunschkarte im Überformat gedruckt werden soll.

Kein Problem, denn was die meisten nicht wissen: Windows unterstützt bei allen TrueType-Schriften problemlos Schriftgrößen bis zu 1.638 Punkt. Das entspricht einer Zeichengröße von 58 Zentimetern, und das ohne jeden Qualitätsverlust bei Anzeige oder Ausdruck. Um solche Schriftgrößen zu erhalten, einfach die Punktgröße im entsprechenden Eingabefeld manuell korrigieren. Eine Möglichkeit, die nahezu alle Programme vorsehen.

154. Porträt-Modus für den Monitor

Ein typisches Blatt Papier ist schmal und lang, der typische Bildschirm aber breit und kurz. Irgendwie vertragen sich die alte und die neue Welt nicht. Das merkt jeder, der Briefe schreibt: Es passt nie eine ganze Seite auf einmal auf den Bildschirm. Würde der Bildschirm um 90 Grad gedreht, sähe das schon ganz anders aus. Manche LC-Displays lassen sich mittlerweile drehen.

Wer seinen normalen Monitor auf die Seite stellen möchte, um die Vorzüge des so genannten Porträt-Modus zu nutzen, lädt das Programm Pivot aus dem Netz. Es kann für 49 US-Dollar bei der Website www.portrait.com heruntergeladen und online bezahlt werden. Pivot schaltet Windows auf vertikale Darstellung um. Da sich bei manchen Röhrengeräten durch das Rotieren des Bildes das Magnetfeld der Spulen verschiebt, gibt es leichte Verfärbungen. Doch ein Druck auf die Degauss-Taste (Taste zur Entmagnetisierung: Bitte im Handbuch nachschlagen, wo sich die Taste befindet, meist an der Frontseite des Monitors) beseitigt das Problem.

155. Zaubertinte für den Monitor

Notebook-Benutzer wissen aus leidvoller Erfahrung: So mancher Sitznachbar in Flugzeug oder Bahnabteil ist neugieriger, als einem lieb sein kann. Jedes getippte Wort wird mitgelesen, jede E-Mail nickend zur Kenntnis genommen. Wer diese Form der Spionage verhindern möchte, sollte als Schriftart *Wingdings* einstellen.

Dieser Zeichensatz ist eine Art Zaubertinte: Niemand kann lesen, was geschrieben wird. Allerdings auch der Schreiber selbst nicht.

Deshalb eignet sich dieser Trick auch wirklich nur für PC-Benutzer, die blind tippen können. Soll der Text später ausgedruckt oder per E-Mail verschickt werden, einfach den Text markieren und eine andere Schriftart zuweisen. Schon ist alles wieder zu lesen.

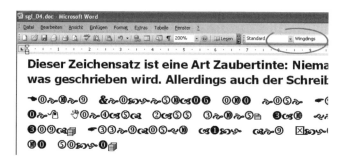

156. Zwei Bildschirme verbinden

In leistungsfähigen PCs sind heute mitunter Grafikkarten eingebaut, die gleich zwei Monitore ansteuern können. Oder man baut eine zweite Grafikkarte ein. Wer jedoch nur in ausgewählten Situationen zwei Bildschirme braucht, für den ist eine andere Lösung sinnvoll: MaxiVista verbindet die Anzeigeflächen beliebig vieler über ein Netzwerk (LAN) miteinander verbundener PCs.

Einfach die Software unter www.maxivista.com/de herunterladen und auf dem Hauptrechner installieren. Anschließend muss auf jedem Zusatzrechner ein kleiner Treiber installiert werden. Wenig später lässt sich der Bildschirm der weiteren PCs mitbenutzen – ohne lästiges Verkabeln.

Auf diese Weise entsteht eine riesige Anzeigefläche. Ideal, um beispielsweise ein ausrangiertes Notebook als Extra-Bildschirm zu verwenden. Sofern dort Festplatte und andere Zusatzgeräte abgeschaltet werden, verbraucht das laut Anbieter noch nicht mal viel mehr Energie als ein separater Monitor. Die Software kann 30 Tage lang kostenlos getestet werden, danach kostet sie 50 Euro.

157. Mehr Grafikpower

Irgendwann ist der Zeitpunkt gekommen: Eine neue Grafikkarte muss her, die selbst aufwendige 3D-Grafiken ruckelfrei darstellen und DVD-Filme brillant präsentieren kann. Aber selbst den Rechner aufschrauben und die Karten wechseln? Wieso nicht. Ist nämlich gar nicht schwer. Einfach den Rechner aufschrauben, die alte Grafikkarte ausbauen, die neue einsetzen und den Rechner wieder schließen.

Beim nächsten Rechnerstart erkennt Windows die neue Karte dann von ganz allein und installiert die notwendigen Treiberprogramme. Einzige Bedingung: Vor dem Ausbau der alten Karte muss in Windows die Grafikkarte auf *Standard* zurückgestellt werden, damit die neue Karte nach dem Einbau die automatische Installation der eigenen Treiber anfordert.

158. Ohne Flimmern geht´s besser

Je höher die Bildwiederholfrequenz des Monitors, desto besser für die Augen. Ab einer Wiederholfrequenz von 80 Hz nimmt das Auge ein ruhiges Bild war. Deshalb sollte die Grafikkarte auf eine möglichst hohe Bildwiederholfrequenz eingestellt werden – sonst sind Kopfschmerzen auf Dauer unvermeidlich.

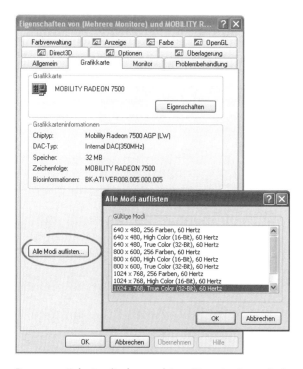

Dazu zunächst mit der rechten Maustaste auf eine freie Stelle des Desktops klicken. Danach im Menü den Eintrag *Eigenschaften* wählen. Anschließend im Register *Einstellungen* auf *Weitere Optionen* klicken. Die Bildwiederholfrequenz verbirgt sich im Register *Gra-*

fikkarte. Hier sollte grundsätzlich der höchstmögliche Wert gewählt werden. In Windows XP verbergen sich die *Einstellungen unter Alle Modi auflisten.*

159. Der Grafikkarte Beine machen

Fast jeder moderne PC ist mit einer 3D-Grafikkarte ausgestattet, die Spiele und dreidimensionale Darstellungen beschleunigt. Oft legen die Kartenhersteller jedoch nur bedingt geeignete Systemprogramme bei. Sofern auf der Grafikkarte ein Chip von nVidia seinen Dienst verrichtet, was in aller Regel der Fall ist (im Zweifel die Systeminformationen abrufen), empfiehlt sich die Verwendung von *Detonator.*

So nennt Hersteller nVidia die Spezial-Software, die deutlich mehr aus den Grafikkarten herausholt. Die Software kann kostenlos unter www.nvidia.de heruntergeladen werden. Einfach durch Doppelklick starten, und das Programm ersetzt automatisch vorhandene Treiber durch schnellere.

160. Minimenü bei Bildern abschalten

Der Internet Explorer 6 bietet bei Bildern einen besonderen Service: Bleibt der Mauscursor länger als eine Sekunde ruhig über einem Bild stehen, erscheint automatisch eine Art Minimenü über dem Bild, allerdings nur bei Bildern ab einer Größe von 200 mal 200 Pixeln. Über dieses Menü lässt sich die Grafik speichern, drucken oder per E-Mail versenden.

Wer dieses Minimenü als störend empfindet, kann es auch bequem abschalten. Dazu im Menü *Extras* auf *Internetoptionen* klicken und das Register *Erweitert* auswählen. Im Auswahlbereich *Multimedia* gibt es eine Option *Bildsymbolleiste aktivieren*. Ist kein Minimenü erwünscht, einfach deaktivieren. Allerdings wird die Korrektur erst nach einem Neustart wirksam.

Apples neues Betriebssystem Mac OS X überrascht seine Benutzer mit einer neuen Funktion beim Anfertigen so genannter Screenshots: Wer die Tastenkombination [Befehl][Shift][3] drückt, fertigt so wie früher automatisch eine Momentaufnahme des aktuellen Bildschirminhalts an – allerdings im PDF-Format, was keineswegs immer praktisch ist.

Sollte ein anderes Bildformat erwünscht sein, etwa um das Bild in einer Grafik-Anwendung weiterverarbeiten zu können, einfach die Vorschau aufrufen und dort das Menü *Exportieren* bemühen. Hier lässt sich die Bildschirmaufnahme nun bequem in gängige Bildformate übersetzen, etwa in das weit verbreitete TIF-Format.

161. DVD-Filme auf dem PC

Wenn ein PC mit einem DVD-Laufwerk ausgerüstet ist, lassen sich darauf auch DVD-Videos ansehen. Damit nicht nur das Bild zu sehen, sondern auch was zu hören ist, muss das Laufwerk mit der Soundkarte verbunden sein. Außerdem sollte die Grafikkarte in der Lage sein, die auf DVD gespeicherten Videos darstellen zu können – was eigentlich bei allen Karten der Fall ist, die seit Mitte 2003 auf dem Markt sind.

Bei älteren Karten muss der PC selbst die Videos darstellen – was nur besonders schnelle Rechner ohne Ruckeln bewerkstelligen. Achtung: DVDs aus den USA sind mit einem Regionalcode versehen, der das Abspielen auf in Deutschland gekauften DVD-Laufwerken verhindert. Der Regionalcode kann in der Software gewechselt werden, aber insgesamt nur fünfmal.

162. Daumenkino abschalten

Seit Version 98 präsentiert der Windows Explorer auf der Festplatte gespeicherte Grafiken auf Wunsch in praktischer Miniaturansicht. Um die Präsentation der Minigrafiken zu beschleunigen, speichert Windows die daumennagelgroßen Bilder in der Systemdatei thumbs.db, die automatisch in jedem Ordner angelegt wird. Die Datei enthält eine verkleinerte Ansicht aller im Ordner gespeicherten Grafiken. Sie kann jederzeit gelöscht werden, was Speicherplatz spart.

Unter Windows 2000 und XP lässt sich die Hilfsdatei auch permanent abschalten: Einfach im Menü *Extras > Ordneroptionen > Ansichten* die Option *Miniaturansichten nicht zwischenspeichern* aktivieren. Allerdings dauert die Miniaturansicht dann spürbar länger.

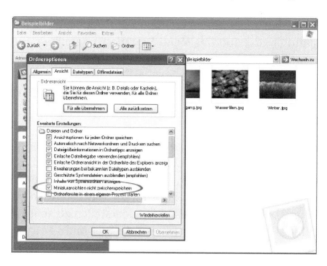

163. Störende Raster entfernen

Beim Digitalisieren einer auf die Glasplatte des Scanners gelegten Vorlage wird das Bild in unzählige Bildpunkte zerlegt. Je höher die Auflösung, desto mehr Punkte kommen dabei raus – und umso voluminöser wird die so erzeugte Bilddatei. Mitunter entstehen dabei störende Rastereffekte, in der Fachsprache Moiré genannt. Vor allem, wenn die Vorlage Punkte oder feine Linien aufweist.

Diese Moiré-Effekte lassen sich in guten Scan- oder Grafikprogrammen mit Hilfe eines entsprechenden Filters entfernen. Sollte eine solche Funktion fehlen, hilft möglicherweise auch das Anwenden der *Unschärfe*-Funktion, die nahezu jedes Bildbearbeitungsprogramm anbietet. Aber nur eine ganz schwache Unschärfe verwenden. So lassen sich die Moiré-Effekte elegant verwischen.

164. Fotos komfortabler retuschieren

Wer regelmäßig Fotos oder Bilder an seinem Rechner bearbeitet, wird irgendwann die Nachteile einer Maus erkennen: Präzises Arbeiten oder Retuschieren fällt mit der Maus recht schwer. Viel praktischer sind da so genannte Grafiktabletts, die auch zusätzlich angeschlossen werden können.

Solche Tabletts erlauben das Bedienen mit einem Griffel, was vor allem beim Skizzieren sowie Retuschieren von Bildern einen großen Vorteil bedeutet. Selbst Unterschriften sind damit möglich. Bei höherwertigen Tabletts wie dem *Volito* von Wacom (55 Euro) lässt sich sogar der mit dem Stift ausgeübte Druck erkennen. So können allein durch unterschiedlichen Druck feine oder breite Linien gezeichnet werden, wie bei einem richtigen Stift.

165. Bilder durch Wasserzeichen schützen

Im Zeitalter des Internets gehört es einfach zum guten Ton, Texte, Informationen und auch Bilder öffentlich verfügbar zu machen. Nicht immer ohne Bauchschmerzen, schließlich reicht ein Mausklick, um Bilder oder Fotos im Netz zu kopieren.

Wer solchen Missbrauch vermeiden oder wenigstens später beweisen möchte, sollte öffentlich gemachte Bilder besser entsprechend kennzeichnen. Leistungsfähige Bildbearbeitungsprogramme wie Paintshop Pro bieten die Möglichkeit, ein unsichtbares Wasserzeichen in die Grafik einzubauen, etwa einen Copyright-Hinweis. Das Wasserzeichen ist nicht direkt zu sehen, lässt sich aber mit entsprechender Software nachweisen. So lässt sich die Quelle der Grafik jederzeit nachweisen.

166. Bilder merken beim Surfen

Beim Stöbern im World Wide Web treffen Datensurfer auf manche ansehnliche Grafik. Wer eine Grafik dauerhaft auf Festplatte speichern möchte, klickt einfach mit der rechten Maustaste darauf und wählt die Funktion *Bild speichern unter* aus. Mit Hilfe der Funktion *Kopieren* wandert die Grafik in die Zwischenablage.

Mac-Benutzer haben keine rechte Maustaste. Sie klicken einfach etwas länger als sonst auf die Abbildung, dann werden dieselben Funktionen angeboten. Der neue Internet Explorer 6 präsentiert beim Überfahren einer Grafik mit dem Cursor von sich aus kleine Symbole. So lässt sich ein Bild bequem drucken, speichern oder per E-Mail verschicken. Die Grafik kann sogar per Drag and Drop verschoben werden.

167. Bildbetrachter im Explorer

Moderne Windows-Versionen (Me, 2000, XP) kennen sich mit Bildern bestens aus: Ist die Option *Ansicht › Miniaturansicht* aktiviert, zeigt der Explorer praktische Vorschauen der Bilddateien an. Im Verzeichnis *Eigene Bilder* bietet Windows sogar noch mehr Service: Bilddateien lassen sich durch Anklicken im Detail betrachten, zoomen oder ausdrucken.

Wer über diesen praktischen Service auch in anderen Verzeichnissen verfügen möchte, muss nur die Datei Desktop.ini aus *Eigene Bilder* in das betreffende Verzeichnis kopieren. Da die Datei versteckt ist, vorher über *Extras › Ordneroptionen* im Register *Ansicht* die Anzeige versteckter Dateien aktivieren.

168. Perfekt scannen

Das Foto soll in den Rechner – aber wie? Gut, der Scanner muss ran. Die Frage ist nur, welche Auflösung die richtige ist. Wird mit einer zu geringen Auflösung gescannt, ist das Bild zu grob gerastert. Bei einer zu hohen Auflösung ist der Speicherbedarf enorm. Doch es gibt eine einfache Formel, wie sich die optimale Auflösung ermitteln lässt:

$$\text{Scanauflösung} = \frac{\text{Ausgabeauflösung} \times \text{Ausgabebreite}}{\text{Originalbreite}}$$

Die Ausgabeauflösung ist bei Druckern in den technischen Daten zu finden und kann beim Drucken auch oft eingestellt werden. Im Internet (auf dem Monitor) beträgt sie 72 dpi (Dots per Inch = Punkte pro Zoll; je größer der Wert, desto brillanter die Auflösung). Ist das Ausgabemedium nicht bekannt oder liegt der errechnete Wert zwischen zwei Scan-Stufen, sollte sich immer mit dem höheren Wert gerechnet werden. Wer also zum Beispiel als ideale Scanauflösung 117 dpi ermittelt, sollte das Bild mit 150 dpi einscannen.

KAPITEL 5:

SCHWARZ AUF WEISS: DRUCKEN

Es soll ja Leute geben, die drucken jede E-Mail aus (oder lassen drucken), um sie dann in aller Ruhe am Schreibtisch studieren und ggf. beantworten zu können.

So kann man das natürlich auch machen. Nur: Gedacht war es eigentlich anders. Der Reiz der E-Mail ist nun mal, ohne Papier auszukommen – und deshalb innerhalb von Sekunden beim Empfänger anzukommen.

Aber ganz auf Papier verzichten? Undenkbar. Zwar war vor ein paar Jahren mal eine Weile vom „papierlosen Büro" die Rede. Visionäre schwärmten von elektronischen Briefen, digitalen Formularen und Datenbanken statt Hängeregistraturen. Alles möglich, (fast) alles sinnvoll – aber nicht unbedingt in der Natur der Menschen. Oft halten wir doch lieber ein Blatt Papier in den Händen. Das kann man herumreichen, mit Notizen versehen, nur hier sind verbindliche Unterschriften möglich.

Darum hat sich der – nicht nur aus Umweltschutzgründen durchaus attraktive – Gedanke erst mal erledigt. In Wahrheit wird mehr Papier bedruckt als jemals zuvor. Ein Testausdruck hier, ein Farbausdruck dort – Tinten- und Laserdrucker, heute für wenig Geld zu bekommen, mühen sich redlich, Texte, Briefe, Fotos, Bilder, Webseiten und Co. auf Papier zu bannen. Mal in Schwarzweiß, mal in Farbe. Je nach Bedarf und Geschmack.

Papier, Tinte, Toner sind heute zu einem der größten Kostenfaktoren in der Computerei geworden. Vor allem Tinte kostet ein kleines Vermögen. Wer die Preise für die geringen Mengen hochrechnet, findet schnell heraus: Druckertinte ist um ein Vielfaches teurer als Öl oder Benzin. Erstaunlich. Aber weil das so ist, lohnt es sich auch, in diesem Punkt Kostenbewusstsein zu entwickeln. Nicht alles muss zu Papier gebracht werden. Nicht immer muss die bestmögliche Qualität zum Einsatz kommen. Und nicht jede Tintenpatrone, die von sich selbst behauptet, „leer" zu sein, ist leer – man muss es nur wissen.

169. Wenn der Drucker muckt

Drucker sind zum Drucken da – aber allzu oft verweigern sie die Zusammenarbeit. Dann müssen die Ursachen erforscht werden. Wichtig: Zunächst die Kabelverbindung prüfen. Die Stecker verrutschen schon mal gern. Um das zu verhindern, Stecker auf PC-Seite festschrauben, am Drucker festklemmen. Dann ist Ruhe.

Gibt es in unregelmäßigen Abständen Schwierigkeiten, ist das Kabel möglicherweise von minderer Qualität. Abhilfe: Ein Druckerkabel kaufen, auf dem eine IEEE-Nummer steht. Die werden im Labor geprüft. Auch die Länge muss stimmen. Mehr als drei Meter schaffen PC-Schnittstellen in der Regel nicht. Bei längeren Strecken muss ein Verstärker her, den gibt es im Zubehörhandel, zum Beispiel bei www.misco.de.

170. Im Dialog mit dem Drucker

Moderne Drucker schwärzen nicht nur schweigsam das Papier ein, sondern melden sich bei Bedarf beim Benutzer. Sie informieren über den aktuellen Druckstatus oder weisen auf Schwierigkeiten hin – nicht nur im Display des Druckers, wo es niemand sieht, sondern immer öfter auch auf dem PC-Bildschirm. So berichten moderne Tintendrucker etwa, wie viel Tinte sich noch in den Patronen befindet.

Damit das funktioniert, muss allerdings die parallele Schnittstelle des Rechners auf *Enhanced Parallel* (ECP-Modus) umgestellt werden. Das geschieht gewöhnlich im Setup des PCs. Zu erreichen über eine spezielle Tastenkombination, kurz nach dem Einschalten des Computers. Im Setup nach *Peripheral Configuration* suchen und den *Parallel Port Mode* auf *ECP* umstellen.

171. Perfekt drucken mit Tintendruckern

Gute Tintendrucker drucken heutzutage fast in Fotoqualität. Allerdings nur, wenn bestimmte Voraussetzungen erfüllt sind. Besonders wichtig: Immer den aktuellen Gerätetreiber verwenden. Deshalb regelmäßig im Internet auf der Homepage des Druckerherstellers nachschauen, ob bereits ein neuer Gerätetreiber angeboten wird. Außerdem muss unbedingt festgelegt werden, dass die Fotos in bestmöglicher Auflösung auszugeben sind.

Ohne einen solchen Hinweis druckt der Drucker nur in mittlerer Qualität. Dazu vor dem Druck auf *Optionen* klicken und die nötigen Einstellungen vornehmen. Beim Ausdruck von Fotos ein besonders beschichtetes Spezialpapier verwenden, passend zur Auflösung (Angaben auf der Verpackung beachten). Meistens muss die Papierart auch in den Druckoptionen eingestellt werden, damit der Drucker die optimale Tintenmenge benutzt.

172. Grundreinigung beim Tintendrucker

Hin und wieder ist eine Grundreinigung im Tintendrucker nötig. Während der Jahre sammelt sich durch den Abrieb eine Menge Staub im Papierweg. Doch der lässt sich leicht entfernen: mit einem doppelt gefalteten Stück Küchenpapier. Damit die Mechanik das Teil auch erfasst, legen Sie am besten ein Stück dickes Papier oder Pappe dazwischen. Besprühen Sie das Küchenpapier mit Fensterreiniger, aber nur ganz dezent, so dass es nur etwas feucht ist. Danach legen Sie das Papier ein und drücken auf die Papiereinzugtaste.

Die Rollen des Druckers reinigen Sie mit Hilfe von Spezialreinigern oder mit reinem Alkohol aus der Apotheke. Damit die Antriebsrollen nicht nur im gerade sichtbaren Bereich gereinigt werden, müssen sie manuell gedreht werden. So lassen sich dann nach und nach alle Bereiche der Rolle erreichen.

173. Tintenpatronen überlisten

Epson spendiert vielen Tintenpatronen einen kleinen Chip, der sich den Füllstand und die Druckleistung der Patrone merkt. Das Problem: Wer die Patrone aus Kostengründen manuell mit Tinte auffüllt, muss erleben, dass der Drucker irgendwann sogar eine randvolle Tintenpatrone verschmäht. Grund ist das *Gedächtnis* der Patrone, das sie nach einer gewissen Laufleistung sperrt.

Doch der Chip lässt sich überlisten: Dazu einfach eine fabrikneue Patrone einsetzen und eine Seite mit wenigen Zeilen ausdrucken. Den Drucker eingeschaltet lassen und die neue gegen die wieder aufgefüllte Patrone austauschen. Danach den Text noch einmal drucken. Dadurch wird der Chip der wieder aufgefüllten Patrone mit dem Füllstand der nagelneuen Patrone programmiert.

174. Tintenpatronen wiederbeleben

Ein häufiges Problem bei Tintenstrahldruckern: Das Papier wird ungleichmäßig oder gar nicht mehr eingefärbt. Meist ist dann eine der Tintenpatronen eingetrocknet, vor allem nach längeren Arbeitspausen. Wenn auch die Reinigungsfunktion des Druckers nicht weiterhilft, sollten PC-Benutzer zu einem Trick greifen: Ein Wasserbad bewirkt mitunter Wunder.

Dazu eine Tasse mit heißem Wasser füllen. Danach die Patrone aus dem Drucker nehmen und mit dem Druckkopf nach unten zehn Minuten lang in die Tasse stellen. Die Feuchtigkeit wirken lassen. Anschließend die Patrone aus der Tasse nehmen und den Druckkopf mit einem flusenfreien Tuch oder einem Wattestäbchen vorsichtig reinigen. Danach die Patrone wieder einsetzen und erneut die Reinigungsfunktion des Druckers nutzen.

175. Drucktinte sparen

Tintendrucker sind meist preisgünstig, nicht so die immer wieder nachzufüllende Tinte. Deswegen beobachten es Besitzer von Tintenstrahldruckern mit Schrecken, wenn der Drucker regelmäßig zur Reinigung der Druckköpfe ansetzt. Denn dabei geht nicht nur Zeit, sondern auch reichlich teure Tinte verloren.

Falls ein Drucker nach jedem Einschalten zum Reinigen ansetzt, kann es daran liegen, dass er nicht am Gerät ausgeschaltet wird, sondern beispielsweise über eine Steckerleiste. In dem Fall beginnen viele Drucker nach jedem Einschalten mit einer Art Grundreinigung. Tintenstrahldrucker sollten deshalb grundsätzlich direkt am Gerät abgeschaltet werden, denn nur dann parkt der Druckkopf in einer Tinte sparenden Ruheposition.

176. Weniger Tinte tut's auch

Tintendrucker sind beliebt, vor allem zu Hause. Die meisten Drucker sind günstig, dafür kostet die Tinte. Wer ein paar Tricks beherzigt, kann beim Ausdruck eine Menge Geld sparen. Ein Probeausdruck muss zum Beispiel nicht in bester Qualität aufs Papier. So lässt sich kostbares Nass sparen. Dazu die Funktion *Eigenschaften* im Menü *Drucken* anklicken.

Die Seiten immer in der niedrigsten Auflösung drucken. Je weniger *dpi*, also *Dots per Inch* (Punkte pro Zoll), umso besser. Buchstaben und Abbildungen wirken dann zwar etwas grober, sind aber trotzdem gut zu erkennen. Jeder Druckertreiber bietet andere Möglichkeiten, um die Druckqualität zu verändern. Einfach ausprobieren. Einige Drucker bieten zudem die Möglichkeit, mit reduzierter Tintenmenge zu drucken. Nachschauen, ob es einen *Tintensparmodus* gibt.

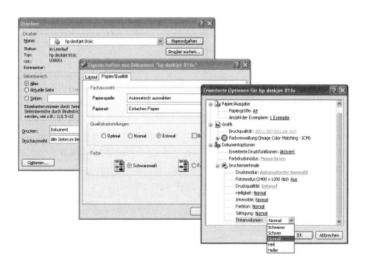

177. Leere Patronen vergolden

Eins haben Tintenstrahl- und Laserdrucker gemeinsam: Sie wollen regelmäßig aufgefüllt werden, mit Nass oder Toner. Die entleerten Tintenpatronen und aufgebrauchte Druckerkartuschen entsorgen die meisten PC-Besitzer gewöhnlich im Hausmüll. Dabei sind Druckerhülsen und Laserkartuschen bares Geld wert.

Auf Recycling spezialisierte Händler zahlen für gängige Modelle zwischen zwei und drei Euro pro Kartusche oder Patrone, im Einzelfall sogar bis zu 13 Euro. Unter Adressen wie www.tintenzentrale.de oder www.geldfuermuell.de lassen sich Details nachschlagen und die genauen Preise feststellen. Für Büros interessant: Falls größere Mengen an Behältern vorhanden sind, holen die Abnehmer diese sogar kostenfrei ab.

178. Bis zur bitteren Neige

Drucker der Baureihe *DeskJet* von Hewlett Packard melden, wenn der Füllstand einer Tintenpatrone zur Neige geht. Das kann praktisch, aber auch nervtötend sein. Doch der Warnhinweis lässt sich auch abschalten, dank einer undokumentierten Funktion im Gerätetreiber.

Dazu in der Systemsteuerung die Funktion *Drucker* starten, den gewünschten Drucker auswählen und mit der rechten Maustaste die Option *Eigenschaften* aufrufen. Danach auf *Wartung* und auf *HP DeskJet Toolbox* klicken. Darauf im Fenstermenü die Option *Info* aktivieren und im anschließenden Fenster doppelt auf das Druckerbild klicken – und dabei gleichzeitig [Alt] und [Strg] drücken. Nun den Drucker auswählen und die Füllstandsanzeige abschalten.

179. Unnötige Tintenverschwendung

Moderne Drucker denken an alles. Sie merken sogar, wenn die Tinte zur Neige geht. Was allerdings nicht immer den Tatsachen entsprechen muss. Zum Beispiel bei Druckern der Marke Canon: Ein Sensor im unteren Bereich des Behältnisses meldet dem Drucker, wenn der Füllstand knapp wird. Im unmittelbar darüber liegenden Schwamm befinden sich meist noch ein paar Milliliter Tinte.

Genug Saft jedenfalls, um noch ein paar Seiten einzufärben. Um den Drucker zu überreden, trotz der Warnung weiter zu drucken, muss der Sensor am Behälter mit einem kleinen Aufkleber zugedeckt werden. Dann bekommt der Drucker von der Situation nichts mit. Es kann dann so lange weiter gedruckt werden, bis das Papier bleich wird und wirklich eine neue Patrone hermuss.

180. Druckkopf reinigen

Tintenstrahldrucker sind recht anfällig: Schnell verstopfen die Düsen, was zu starken Farbverfremdungen beim Ausdruck führen kann. Manchmal bringt jedoch nicht mal die per Software ansteuerbare Reinigung des Druckkopfs Abhilfe. Der Drucker erzeugt nach wie vor waagerechte Streifen auf dem Papier. In diesem Fall ist wahrscheinlich der Druckkopf selbst verstopft.

Dazu die Patrone aus dem Gerät nehmen und 20 Sekunden lang einen dezenten Wasserstrahl über den Druckkopf fließen lassen, um eventuelle Verkrustungen aufzulösen. Anschließend den Druckkopf vorsichtig trocknen und die Patrone wieder ordnungsgemäß einsetzen. Es empfiehlt sich im Anschluss noch mal eine softwareseitige Reinigung.

181. Frühjahrsputz im Tintendrucker

Tintenstrahldrucker neigen bei Dauerbetrieb zu Verunreinigungen. Deshalb sollten in regelmäßigen Abständen die Düsen ordentlich durchgepustet werden, damit Rückstände verschwinden. Fast alle Tintendrucker bieten eine solche Putzfunktion an. Einfach das zum Drucker gehörende Kontrollprogramm starten und nach der Reinigungsfunktion suchen. Oder im Druckmenü die Funktion *Eigenschaften* anklicken und nach einer entsprechenden Option Ausschau halten.

Bei Epson-Druckern verbergen sich die Sonderfunktionen zum Beispiel hinter dem Menüpunkt *Utility*. Da können die Druckdüsen nicht nur gereinigt, sondern auch getestet werden. Nach dem Frühjahrsputz unbedingt eine Testseite ausdrucken. Gibt es noch Schlieren, die Putzfunktion einfach noch mal aufrufen.

182. Tintenstrahldrucker regelmäßig benutzen

Eins der größten Probleme und zugleich Ärgernisse eines jeden Tintenstrahldruckers: Mit der Zeit drohen die Druckköpfe auszutrocknen. Je länger ein Drucker nicht benutzt wird, desto größer ist die Gefahr, dass die Düsen oder Köpfe verstopfen.

Deshalb sollten Tintendrucker wenigstens einmal pro Woche kurz eingeschaltet werden, selbst wenn der Drucker eigentlich nicht gebraucht wird. Nach dem Einschalten werden Kopf und Düse gereinigt. Selbst wenn dabei etwas Tinte verbraucht wird: der vorbeugende Effekt ist Mühe und Kosten wert. Einen verstopften Druckkopf zu reinigen ist zeitaufwendig und mitunter auch kostspielig.

183. Resttoner verteilen

Wenn die aus dem Laserdrucker kommenden Seiten nicht mehr gleichmäßig eingeschwärzt werden und Ausdrucke immer öfter störende weiße Streifen aufweisen, ist dies ein untrügerischer Hinweis darauf, dass demnächst die Kartusche ausgewechselt werden muss. Aber keinesfalls sofort, denn Tonerkartuschen werden nicht gleichmäßig geleert. Es gibt immer Bereiche im Behälter mit genügend Toner, daher die Streifen.

Deshalb die Kartusche aus dem Drucker nehmen und Öffnungen ggf. verschließen. Anschließend die Kartusche vorsichtig in der Waagerechten hin und her schwenken. Auf diese Weise verteilt sich der Resttoner gleichmäßig im Behälter. Danach die Kartusche ohne zu ruckeln wieder einsetzen. So lassen sich meist problemlos noch etliche Seiten bedrucken.

184. Wechselnde Druckqualität

Tintenstrahldrucker beherrschen verschiedene Qualitätsstufen. Im optimalen Druckmodus machen selbst Fotos eine gute Figur, für Briefe reicht ein reduzierter Druckmodus, der deutlich weniger Tinte verbraucht. Allerdings ist das Umschalten zwischen den verschiedenen Druckmodi etwas mühselig und lästig, da sich die entsprechenden Optionen bei vielen Druckern in den Untiefen der Optionen verbergen. Ein guter Trick ist es, für jeden Druckmodus einen separaten Drucker einzurichten.

Dazu in der Systemsteuerung unter Drucker den bereits vorhandenen Drucker einfach ein zweites Mal installieren und für die Kopie einen möglichst aussagekräftigen Namen verwenden, etwa *Fotodruck*. Anschließend für einen Drucker das Druckprofil *hochwertige Druckqualität* und für den zweiten Drucker *sparsamer Druck* verwenden. Später kann dann durch einfaches Auswählen des Druckers bestimmt werden, welche Druckqualität gewünscht ist.

185. Verwalter für Netzwerkdrucker

Ein nicht zu unterschätzender Vorteil von Netzwerken ist, dass sich Geräte wie Drucker von allen PCs im Netz benutzen lassen. Nachteil: Der Rechner, an dem der Drucker angeschlossen ist, muss eingeschaltet bleiben. Wer das nicht möchte, sollte sich einen *Print Server* anschaffen. Eine kleine Box, die an die Drucker-Schnittstelle angeschlossen und mit dem Netzwerk verbunden wird.

Der Drucker erhält dann eine eigene Adresse im Netz. Jeder PC kann dann jederzeit auf den Drucker zugreifen. Der Print Server sorgt auch dafür, dass sich die Rechner nicht ins Gehege kommen und die Druckaufträge der Reihe nach abgearbeitet werden. Anschaffungskosten: Ab 170 Euro im Fachhandel.

186. Auf fremden Druckern drucken

Einen Text, ein Foto oder ein Bild auszudrucken ist normalerweise ganz einfach: Das gewünschte Dokument laden und die Funktion *Drucken* verwenden. Es gibt aber Situationen, da möchte man das Dokument auf einem Drucker ausgeben, der gar nicht am eigenen PC angeschlossen ist. Etwa auf einem Farbdrucker, der in einem anderen Zimmer steht. Falls der Drucker nicht über ein lokales Netzwerk (LAN) ansprechbar ist, müsste man normalerweise das Dokument auf den anderen Rechner übertragen. Dann wiederum muss auf diesem anderen Rechner aber auch ein Programm vorhanden sein, das mit dem Dokument etwas anfangen kann.

Es gibt aber noch einen anderen Weg: Dokumente oder Bilder lassen sich auch über einen Umweg ausdrucken. Und zwar, indem eine spezielle Druckdatei erzeugt wird. Damit das klappt, muss der Gerätetreiber des entsprechenden Druckers vorhanden sein. Wenn das noch nicht der Fall ist, einfach installieren – das geht auch, wenn der Drucker selbst gar nicht angeschlossen ist.

Der Trick: Als *Schnittstelle* für den Ausdruck den Eintrag *FILE*: auswählen. Denn dann fragt Windows beim Start des Ausdrucks nach einem Dateinamen; diese Datei erhält automatisch die Endung .PRN. Die Datei lässt sich auf Diskette oder CD kopieren oder per E-Mail verschicken. Um die Druckdatei nun auch auszudrucken, benötigt man die Eingabeaufforderung. Dort ist der folgende Befehl einzugeben: COPY Dateiname.PRN lpt1:

187. Stopp den Druck

Büroalltag: Nachdem der Druck gestartet wurde, fällt im Dokument plötzlich noch ein Fehler auf. Wer in einer solchen Situation den Druck anhalten möchte, damit nicht unnötig Papier verschwendet wird, sollte zunächst die Druckerwarteschlange von Windows aufrufen.

Die verbirgt sich nach dem Start des Druckvorgangs in der Task-Leiste hinter dem kleinen Druckersymbol. Doppelt darauf klicken, schon erscheinen alle Druckaufträge. Mit der rechten Maustaste den anzuhaltenden *Job* auswählen und im Menü *Abbrechen* wählen. Ist die Warteschlange bereits leer, wurden die Daten bereits alle zum Drucker geschickt. Dann ist es zu spät, den Druck abzubrechen. Aber nie den Drucker einfach ausschalten – sonst droht Papierstau!

188. Schneller drucken

Manche Drucker werfen die bedruckten Seiten langsamer aus, als sie eigentlich könnten. Grund: Sie werden durch ungünstige Systemeinstellungen unnötig ausgebremst. Das lässt sich jedoch meist mit wenigen Handgriffen ändern. Dazu im so genannten Setup nachschauen. Unmittelbar nach dem Start des Rechners, noch bevor Windows die Arbeit aufnimmt, die auf dem Bildschirm genannte Taste drücken.

In der Regel ist das [Esc] oder [Entf]. Danach in den – meist englischsprachigen – Menüs nach einem Eintrag *Printer Port* oder *Druckerschnittstelle* suchen. Dort sollte die Option ECP ausgewählt sein, die für einen schnelleren Druck sorgt. Im ECP-Modus werden die Druckdaten direkt vom Arbeitsspeicher an den Drucker geleitet.

189. Druck ist gut, Kontrolle ist besser

Drucker ist nicht gleich Drucker. Jedes Modell hat ein anderes Schriftbild, verwendet andere Schriftgrößen. Die Unterschiede werden spätestens dann deutlich, wenn ein und derselbe Text auf unterschiedlichen Druckern ausgegeben wird. Word kennt die Unterschiede der Drucker und berücksichtigt sie bereits beim Schreiben und Gestalten.

Deshalb können nach einem Wechsel des Druckers oder beim Ausdruck auf einem anderen Rechner mitunter komplette Wörter an anderer Stelle erscheinen oder ganze Absätze oder Abbildungen verschoben werden. Wer Überraschungen vermeiden will, wählt deshalb schon beim Schreiben des Textes den später zu verwendenden Drucker aus. Dazu *Datei > Drucken* wählen und unter *Name* den Drucker bestimmen.

190. Druckreihenfolge ändern

Bei manchen Druckern haben die Ingenieure offensichtlich nicht damit gerechnet, dass ihre Besitzer mehr als eine Seite ausdrucken: Die Blätter liegen jedenfalls in der falschen Reihenfolge im Ausgabefach und müssen von Hand sortiert werden. In einem solchen Fall empfiehlt es sich, einfach in der Software die Druckreihenfolge zu ändern.

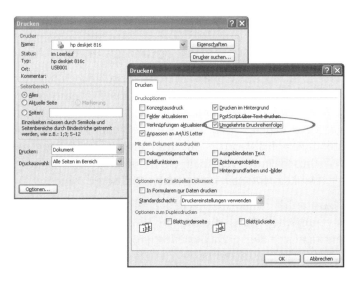

Viele Programme bieten diese Möglichkeit an, etwa Word. Dazu die Funktion *Drucken* im Menü *Datei* aufrufen und auf die Schaltfläche

Optionen klicken. Durch Aktivieren der Option *Umgekehrte Druck-reihenfolge* lässt sich die Druckreihenfolge umkehren. Der Ausdruck beginnt mit der letzten Seite, und im Ausgabefach liegen die Blätter dann in der richtigen Reihenfolge.

191. Papier nicht doppelt benutzen

Wer viel druckt, hat zwangsweise hohe Druckkosten. Manch einer versucht zu sparen, indem er bereits beschriftete Seiten erneut in den Drucker legt. So soll die noch unbenutzte Seite des Papiers zum Einsatz kommen. Abgesehen von den Schwierigkeiten, beschriftetes Papier so einzulegen, dass auch wirklich die noch unbenutzte Seite bedruckt wird, ist diese Methode vor allem bei Laserdruckern nicht empfehlenswert.

Denn da das Papier beim Druck auf über 200 Grad erhitzt wird, um den aufgebrachten Toner zu fixieren, könnten sich hitzelösliche Farben vom ersten Druckvorgang wieder vom Papier lösen. Verunreinigungen der Druckwalze können die Folge sein, schlimmstenfalls ist sogar eine Beschädigung des Druckers denkbar.

192. Richtiges Papier garantiert optimalen Druck

Papier ist nicht gleich Papier. Laserdrucker sollten nur mit Normalpapier gefüttert werden, das für Fotokopierer und Laserdrucker gedacht ist. Tintenstrahldrucker sind etwas anspruchsvoller. Wer optimale Ergebnisse erzielen will, legt entsprechendes Spezialpapier für Tintendrucker ins Magazin. Solches Papier ist in der Regel mit einer Spezialbeschichtung versehen, die für optimale Aufnahme der Flüssigkeit und damit für ein randscharfes Bild sorgt.

Im Laserdrucker kann solches Papier allerdings große Schwierigkeiten verursachen. Durch die extreme Hitze im Inneren des Laserdruckers kann sich die Spezialbeschichtung ablösen. Die Folge sind Verschmutzungen im Laserdrucker. Zu erkennen an schwarzen Streifen oder dunklen Flecken auf den folgenden Ausdrucken.

193. Mehrere Dokumente drucken

Wenn nur ein Dokument gedruckt werden muss, ist alles ganz einfach: Anwendung starten, *Drucken* wählen, fertig. Mehrere Dokumente auszudrucken ist genauso bequem: Der Windows Explorer organisiert und überwacht den Druck von ganz allein. Einfach die zu druckenden Dateien markieren, in Kombination mit [Strg] und [Shift] lassen sich beliebig viele Dateien auswählen.

Anschließend mit der rechten Maustaste auf eine der hervorgehobenen Dateien klicken und die Option *Drucken* auswählen. Der Explorer startet nun die nötigen Anwendungsprogramme und sorgt dafür, dass die markierten Dokumente der Reihe nach ausgedruckt werden. Einzige Voraussetzung: Der Dateityp muss mit einer Anwendung verknüpft sein.

194. Ausschnitt drucken

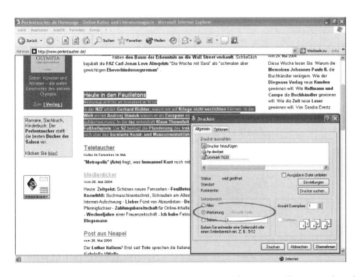

Häufig soll von einer Webseite nur ein kleiner Teil ausgedruckt werden. Manchmal ist von einem längeren Text nur eine bestimmte Passage wichtig oder von einem mehrseitigen Spreadsheet nur ein paar Zeilen. Kein Problem, denn Windows druckt auf Wunsch auch Teilbereiche aus. Dazu zunächst die betreffende Passage bei gedrückter Maustaste markieren.

Danach im Dialogfeld *Drucken* unter *Seitenbereich* die Option *Markierung* anwählen. Nach Klick auf OK wird ausschließlich der markierte Bereich ausgedruckt. Tipp: Noch bequemer als mit der Maus lässt sich der in Frage kommende Bereich oft mit den Cursortasten markieren. Einfach gleichzeitig die Taste [Shift] drücken.

195. Viele Folien auf wenig Papier

Powerpoint ist für die meisten Referenten das wichtigste Werkzeug: Ein Knopfdruck, schon erscheint die nächste Folie. Meist bekommt das Publikum einen Ausdruck der Präsentation. Die eingebaute Druckfunktion von Powerpoint wirft die Seiten einzeln aufs Papier. Übersichtlicher ist es, wenn mehrere Folien pro Seite gedruckt werden. Eine Option, über die Powerpoint nicht serienmäßig verfügt.

Aber es geht trotzdem: Dazu in Powerpoint die Funktion *Datei › Senden an › Microsoft Word* auswählen. In der jüngsten Version stehen sogar verschiedene Layouts zur Auswahl. Danach Word starten, den Vortrag übernehmen und nach Bedarf bearbeiten und ausdrucken. Auf diese Weise lässt sich das Handout in kompakter und zugleich übersichtlicher Form ausdrucken – nützlich vor allem bei langen Vorträgen.

196. Web-Seiten ausdrucken, aber richtig

Infos auf dem Bildschirm sind schön und gut – aber schwarz auf weiß ist oft besser. Schon allein deshalb, weil sich im Web alles rasch ändert. Kein Problem, Webinhalte lassen sich jederzeit ausdrucken. Einfach die Funktion *Drucken* im Browser anwählen. Doch oft erscheint etwas anderes auf dem Papier als das, was über den Monitor flimmert. Schuld sind die Einstellungen.

Um auf Webseiten mit mehreren Inhaltsbereichen (so genannten *Frames*) das Richtige auf dem Drucker auszugeben, vorher mit der Maus einmal in den betreffenden Bereich klicken. Dabei aber nichts markieren, sonst druckt der Browser nur den markierten Bereich aus. Damit auch Hintergründe erscheinen, muss unbedingt die entsprechende Option unter *Extras > Internetoptionen* im Register *Erweitert* aktiviert sein.

197. Webseiten en bloc drucken

Falls mehrere Webseiten ausgedruckt werden sollen, müssen PC-Benutzer gewöhnlich jede Webseite einzeln aufrufen, um sie anschließend mit Hilfe der Funktion *Drucken* im Menü *Datei* zu Papier bringen zu lassen. Sofern Webseiten miteinander verknüpft (verlinkt) sind, etwa bei einem mehrseitigen Dokument, geht es aber auch bequemer.

Dazu im Menü Datei die Funktion *Drucken* auswählen und auf *Optionen* klicken. Wenn hier die Funktion *Alle durch Links verbundene Dokumente drucken* aktiviert wird, lädt der Internet Explorer beim anschließenden Ausdruck automatisch alle im Hauptdokument verknüpften Webseiten und druckt diese ebenfalls. Allerdings beschränkt sich der Internet Explorer auf eine Linkebene.

198. Bildschirminhalt drucken

Fast alle Programme bieten praktische Druckfunktionen an, die das Gezeigte nach allen Regeln der Kunst auf Papier verewigen. Doch manchmal wäre es praktisch, den aktuellen Inhalt des Bildschirms auszudrucken oder zu speichern. Dabei sind spezielle Programme wie Paintshop Pro (www.paintshop.de) behilflich.

Sie fertigen auf Knopfdruck einen Screenshot an, wahlweise des gesamten Bildschirms, eines bestimmten Bereichs oder des aktuellen Fensters. Das Problem: Vom Grafikprogramm selbst lässt sich in der Regel keine Aufnahme machen, weil sich die Software vorher automatisch in den Hintergrund begibt. Wer einen Trick anwendet, bekommt trotzdem die gewünschte Aufnahme: Einfach das betreffende Grafikprogramm ein zweites Mal starten.

199. Ausfüllhilfe für Paketzettel

Die Gebrüder Gottschalk sind ganz begeistert vom gelben Riesen. Dabei haben sie den neuen Service der Deutschen Post noch gar nicht kennen gelernt oder zumindest noch nie in ihren Fernsehspots angesprochen: Wer ein Paket oder Päckchen versenden will, braucht die Formulare dafür nicht mehr mühsam mit Kugelschreiber auszufüllen. Diesen Job kann der Computer übernehmen.

Die nötige Software zum Ausfüllen von Formular und Aufkleber gibt es kostenlos im Internet. Das kleine Spezialprogramm unter www.deutschepost.de/ausfuellhilfe bedruckt akkurat die offiziellen Formulare, die jedes Postamt zur Verfügung stellt. Das Programm funktioniert mit allen Druckern, auch Tinte und Laser. Praktisch: Die Mini-Software merkt sich den Absender, dieser muss also nur einmal eingetragen werden.

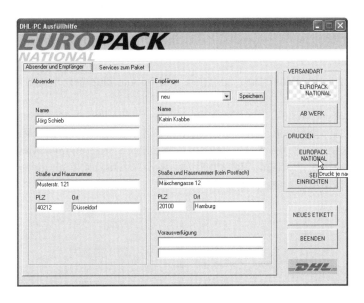

200. Briefmarken ohne Zacken

Sperrige Frankiermaschinen wird man wohl schon bald nur noch im Museum bestaunen können. Denn die Deutsche Post läutet das Zeitalter der elektronischen Briefmarke ein: Anstatt Wertmarken aufzukleben oder Umschläge durch sperrige Maschinen zu jagen, bedruckt der PC auf Knopfdruck Kuverts oder Anschreiben mit einer virtuellen Briefmarke.

Technisch ein komplexer Barcode, der von der komfortablen Spezialsoftware im Handumdrehen erzeugt wird. Wer sich für den neuen Service interessiert, findet unter www.stampit.de die nötigen Informationen. Die Anmeldung kostet 83,50 Euro. Nach einem halben Jahr werden monatlich 2,30 Euro Grundgebühr fällig. Natürlich zusätzlich zu den üblichen Portokosten.

201. Platz sparend drucken

Wer sparsam sein möchte, kann auf einem Blatt Papier mehrere Seiten verkleinert ausdrucken – was zur Kontrolle von Texten, Layouts oder Konzepten meist völlig ausreichend ist. Die entsprechende Funktion ist mittlerweile in fast jedem Druckertreiber enthalten, allerdings ganz gut versteckt.

Dazu Aufruf der Druckfunktion und im Dialogfeld *Drucken* auf die Schaltfläche *Eigenschaften* klicken. Anschließend unter *Seiten pro Blatt* festlegen, wie viele Druckseiten Windows auf einem Blatt zusammenfassen soll. Bei mehr als vier Seiten wird der Ausdruck allerdings in der Regel unlesbar. In einigen Programmen wird diese Funktion gleich im Dialogfeld *Drucken* angeboten, funktioniert aber mit vielen Druckern nicht.

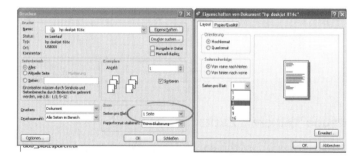

202. Website passend drucken

Im World Wide Web zu surfen ist einfach, doch eine Webseite auszudrucken kann mitunter zur Tortur werden. Oft werden beim Ausdruck einer Webseite wichtige Teile abgeschnitten. Vor allem dann, wenn auf einer Webseite mehrere Inhalte nebeneinander präsentiert werden. Ein Trick kann helfen, doch noch alles zu Papier zu bringen. Einfach beim Ausdruck anstatt des Hochformats das Querformat verwenden.

Dazu nach Auswählen der *Druck*-Funktion auf *Eigenschaften* klicken und das Druckformat bestimmen. Ob alles aufs Papier passt, lässt sich vor dem Ausdruck bequem kontrollieren: Im Menü *Datei › Druckvorschau* bietet der Internet Explorer eine Vorschau des späteren Ausdrucks. Praktisch: Manche Webseiten bieten eine Spezialansicht, die extra für den Ausdruck bestimmt ist.

203. Windows XP macht Faxen

Mal eben auf Knopfdruck ein Fax verschicken – das ist schon praktisch. Viele Benutzer von Windows XP wundern sich deshalb, dass anders als in früheren Windows-Versionen keine Faxfunktion mehr angeboten wird. Dabei kann Windows XP Faxe austauschen, die Funktion ist nur nicht aktiviert.

Um das nachzuholen, in der Systemsteuerung doppelt auf *Software* und dann auf *Windows-Komponenten hinzufügen/Entfernen* klicken. Vor den Eintrag *Faxdienste* ein Häkchen setzen. Danach fordert Windows XP noch einmal die Installations-CD an. Anschließend steht unter *Drucker und Faxgeräte* der zusätzliche Eintrag *Fax* zur Verfügung. So kann mit Hilfe der ganz gewöhnlichen Druckfunktion aus jeder Windows-Anwendung heraus gefaxt werden. Wer mag, kann auf Wunsch auch Faxe empfangen.

204. Verzeichnisliste in Windows drucken

Microsoft spendiert jeder neuen Windows-Version zahlreiche neue mehr oder weniger nützliche Funktionen. Doch elementare Bedürfnisse vergessen die Entwickler trotzdem gern. So kann sich der Windows-Benutzer zwar den Inhalt eines Ordners bequem am Bildschirm anzeigen lassen – einen Ausdruck bekommt er davon aber nicht.

Ein Trick hilft weiter: Einfach im Menü Start die Funktion MS-DOS *Eingabeaufforderung* auswählen, die sich in neueren Windows-Versionen im Menü *Zubehör* verbirgt. Anschließend mit Hilfe der Anweisung CD ins gewünschte Verzeichnis wechseln, etwa CD *C:Windows* fürs Windows-Verzeichnis. Um den Inhalt des Ordners auszudrucken, den Befehl *DIR ›PRN* eingeben. Nicht besonders komfortabel, aber wirkungsvoll.

KAPITEL 6:

DAS MOBILE BÜRO: ORGANIZER UND HANDYS

Hand aufs Herz: Ohne ihren Rechner sind viele von uns heute doch hoffnungslos aufgeschmissen. Schließlich druckt der nicht nur Briefe aus oder hilft beim Stöbern im World Wide Web, sondern merkt sich auch Adressen, behält den Überblick über Termine, erinnert an Geburtstage, speichert E-Mails und kramt auf Knopfdruck Notizen oder elektronische Briefe hervor. Kurz: Der PC weiß mehr als man selbst – und kann sich auch noch an alles erinnern.

Das hat Folgen. Denn wer erst mal damit angefangen hat, Termine und Adressen nicht mehr in einem kleinen Büchlein zu notieren, sondern sie in Eingabemasken eintippt, der hat ein Problem: Das Gehirn ist nicht mehr trainiert und vergisst so etwas ganz leicht. Außerdem sind die Daten nur dann verfügbar, wenn man gerade am Rechner sitzt. Nach Feierabend, am Wochenende, im Zug oder in der Flughafen-Lounge? Fehlanzeige. Kein Zugriff auf das gespeicherte Wissen. Was irgendwie noch schlimmer ist, als etwas vergessen zu haben, denn da wüsste man wenigstens: Ärgern hat keinen Sinn.

Alle Daten noch mal in ein kleines Büchlein zum Mitnehmen abzuschreiben wäre natürlich Verrat – schließlich soll Technik das Leben einfacher und komfortabler machen und nicht schwieriger. Deshalb erfreuen sich kleine Organizer wachsender Beliebtheit. Minicomputer, die es erlauben, Adressen, Termine, Daten und Notizen überallhin mitzunehmen.

Einfach den Organizer mit dem PC verbinden – und Sekunden später landen alle gespeicherten Daten im Gerät. So ist man auch unterwegs immer auf dem Laufenden. Praktisch. Kein Wunder, dass sich für solche Organizer längst der Begriff „Personal Digital Assistant" (PDA) durchgesetzt hat. Der „persönliche, digitale Assistent" hilft weiter.

Weil viele aber sowieso schon immer ein Handy in der Tasche haben und ein zweites Gerät dann nur stören würde, gibt es längst praktische Kombigeräte. Handys, die auch Organizer sind – und Organizer, mit denen man telefonieren kann. Moderne Allzweckwaffen für den kommunikationshungrigen Homo digitalis. Sie holen das Büro in die Jackentasche – und machen ihren Besitzer irgendwie freier. Oder auch nicht. Alles eine Frage des Standpunkts.

205. Sprachbox abhören ohne Handy

Jedes Handy hat einen Anrufbeantworter, auch Sprachbox oder Mobilbox genannt. Das Problem: Wer sein Handy nicht dabeihat, kann die Sprachbox nicht abrufen. Richtig? Falsch! Die Sprachbox lässt sich von jedem normalen Telefonanschluss abhören. Einzige Voraussetzung: Das Telefon wählt mit Tonwahl. Der Trick: Zwischen Vorwahl und eigentlicher Rufnummer müssen zwei zusätzliche Ziffern gewählt werden. Welche genau, das hängt vom Mobilfunkanbieter ab:

D1:	**(017x) + 13 + D1-Rufnummer**
D2:	**(017x) + 55 + D2-Rufnummer**
E-Plus:	**(017x) + 99 + E-Plus-Rufnummer**
O_2:	**(017x) + 33 + O_2-Rufnummer**

Während der Ansage ist die Taste [*] zu drücken. Danach muss die meist vierstellige Geheimzahl eingetippt werden, sie wurde bei Einrichtung des Anschlusses festgelegt. Kunden von Viag Interkom drücken am Ende noch die [#]-Taste. Praktisch: So lässt sich die Mailbox auch aus dem Ausland abfragen, wo die sonst übliche Kurzwahl in der Regel nicht funktioniert.

206. Tarnkappe für Mobiltelefonierer

Mobiltelefone übermitteln bei einem Anruf gewöhnlich auch die eigene Telefonnummer. Die erscheint dann im Display des Angerufenen. Normalerweise ist dieser Service praktisch und erwünscht, manchmal aber nicht. Das Problem: Um die Funktion abzuschalten, müssen sich Handybesitzer in der Regel durch lange Menüfolgen quälen.

Viel praktischer ist es, der eigentlichen Rufnummer im Bedarfsfall ein #31# voranzustellen. Denn in diesem Fall verschweigt der Netzbetreiber die eigene Rufnummer. Das funktioniert übrigens auch anders herum: Bei standardmäßig deaktivierter Rufnummernübertragung wird die eigene Nummer ausnahmsweise übermittelt, wenn ein *31# vor der gewählten Rufnummer steht. Durch *#31# lässt sich der aktuelle Status überprüfen.

207. Eingabe von WAP-Adressen

Wirklich praktisch ist der Zugriff auf die WAP-Welt nicht: Benutzer müssen sich in der Regel durch lange Menüfolgen klicken, um zur gewünschten Funktion zu gelangen. Selbst wenn ganz gezielt eine WAP-Adresse eingetippt werden soll. Einfacher und auch kostengünstiger ist es, die WAP-Adresse vor Herstellen der Onlineverbindung im WAP-Handy als *Favorit* oder *Bookmark* zu speichern.

Das geht auch ohne Verbindung zum WAP-Netz. Auf Siemens-Handys muss hierfür die Funktion *Internet > Favoriten* gewählt und einer der leeren Einträge geändert werden. Nokia-Geräte bieten die Funktion über *Dienste > Lesezeichen > Neues Lesezeichen* an. Sobald die Adresse eingetragen ist, wird die Verbindung aufgebaut und die Seite ohne Umwege angesteuert.

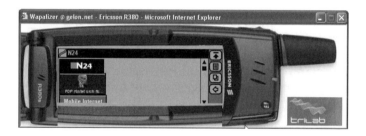

208. Das Handy-Wörterbuch im Griff

Mit dem Handy SMS-Nachrichten zu verschicken kann ganz schön mühselig sein. Die in immer mehr Mobiltelefonen enthaltene Tipphilfe T9 macht das Eintippen einigermaßen komfortabel. Die Eingabe von Fremdwörtern oder Eigennamen, die noch nicht im Wörterbuch stehen, gestaltet sich allerdings schwierig: Oft macht die Tipphilfe nur unsinnige Vorschläge oder zeigt Warnungen an.

Deshalb das T9-Wörterbuch vor der Eingabe von Fremdwörtern oder Eigennamen mit Hilfe der #-Taste kurzfristig abschalten (auf einigen Geräten muss die Taste einige Sekunden gedrückt werden). Ein erneutes Betätigen der #-Taste aktiviert das Lexikon wieder. Unser Tipp: Wörter, die in Zukunft öfter benutzt werden sollen, am besten ins eingebaute Wörterbuch des Telefons übernehmen. Das gilt vor allem für Eigennamen. Das macht einmal Mühe – später geht´s dann leichter.

209. Blitznachricht aufs Handy

So manche SMS-Nachricht wird erst recht spät entdeckt oder verschwindet in den Untiefen der verschachtelten Telefonmenüs, weil der Empfänger nicht die richtige Taste drückt. Mit einer Blitz-SMS kann das nicht passieren. Denn eine Blitz-SMS erscheint unmittelbar nach Eintreffen im Display des Zielhandys, ohne dass irgendein Knopf gedrückt werden müsste.

Ein praktischer Service, der von nahezu allen modernen Handys unterstützt wird – aber kaum bekannt ist. Der Haken an der Sache: Mit einem gewöhnlichen Handy lassen sich solche SMS-Telegramme nicht auf den Weg bringen, wohl aber über den Onlinedienst Web.de. Hier können registrierte Benutzer so eine Blitz-SMS verschicken. Kostenpunkt: 15 Cent pro Botschaft.

210. Längere SMS-Nachrichten

Zwar kann weniger bekanntlich mehr sein, aber manchmal möchte man sich lieber nicht beschränken. Doch bei 160 Zeichen ist nun mal Schluss, zumindest bei der SMS-Nachricht. Durch einen Trick lassen sich aber durchaus längere Botschaften verschicken. Dort lassen sich mehrere SMS-Nachrichten miteinander verknüpfen, so dass eine lange SMS entsteht. Dazu muss lediglich am Ende der ersten Nachricht die Zeichenfolge *LONG#* stehen. Außerdem muss am Anfang der zweiten Nachricht die Zeichenfolge *LAST#* erscheinen.

Wenn das der Fall ist, sendet der Mobilfunkprovider den Inhalt beider Nachrichten als eine Einheit. Moderne Handys machen das heute übrigens automatisch, wenn längere SMS-Nachrichten eingetippt werden. Aber Vorsicht: Es entstehen höhere Kosten, nämlich für jeweils 160 Zeichen einmal die üblichen SMS-Gebühren.

Wer möchte, dass die Nachricht nicht sofort ankommt, kann zudem den Befehl *LATER n#* setzen. Dann verzögert D2 die Auslieferung um (n) Stunden.

211. Her mit der SMS

Ist ein Handy für längere Zeit ausgeschaltet oder nicht erreichbar, stellt der Mobilfunkbetreiber nach einer Weile Zustellversuche für SMS-Nachrichten vorerst ein. Die Folge: Nach einem erneuten Einbuchen des Handys kann es eine Weile dauern, bis der Zentralcomputer des Mobilfunkanbieters die Zustellung von SMS-Nachrichten wieder aufnimmt.

Wer die Zustellung beschleunigen möchte, tippt die Anweisung *#67#* ein und betätigt die Wähltaste. Dadurch schickt das Telefon eine Statusabfrage an die Zentrale, die auch den SMS-Server erreicht. Der schickt anschließend eventuell aufgelaufene Kurznachrichten unverzüglich aufs Mobiltelefon.

212. Handy bequem konfigurieren

SMS, EMS, MMS, E-Mail und WAP: Moderne Handys können eine Menge. Theoretisch. Doch in Wirklichkeit liegen viele Funktionen der Hightech-Funktelefone brach, weil die Benutzer die nötigen Einstellungen einfach nicht hinbekommen. Menüs und Optionen sind für viele zu kompliziert. Einem Mobiltelefon die E-Mail-Funktion unter GPRS beizubringen ist selbst für Hartgesottene eine Tortur.

Doch anstatt die Einstellungen manuell vorzunehmen, sollten Handybenutzer lieber die automatischen Konfigurationsdienste von Herstellern und Mobilfunkdiensten im Web nutzen. Denn hier kann der Handybesitzer bequem alle nötigen Einstellungen vornehmen – und wenige Sekunden später landet eine SMS-Nachricht mit den nötigen Konfigurationseinstellungen im Handy. Dann nur noch bestätigen.

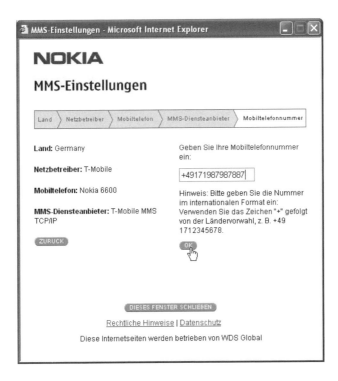

213. Multimediadienst aktivieren

In der Handywelt geht es immer bunter zu. Moderne Mobiltelefone verschicken auf Tastendruck bunte Grafiken, Fotos, Animationen, Sounds, sogar Videos. Solche MMS-Nachrichten (Multimedia Messages) erfreuen sich größter Popularität. Was viele nicht wissen: Um MMS-Botschaften empfangen zu können, ist nicht nur ein MMS-fähiges Handy nötig, sondern auch die Freischaltung des Multimediadienstes. Anderenfalls werden MMS-Nachrichten zwischengespeichert und müssen im Internet abgeholt werden.

Um MMS zu aktivieren, einmal mit dem Handy eine MMS-Nachricht verschicken, im Zweifel an sich selbst. Der Mobilfunkanbieter registriert dann, dass der Dienst genutzt werden kann – und schaltet ihn augenblicklich frei.

214. E-Mails aufs Handy

Es ist kein modernes WAP-Handy nötig, um unterwegs per E-Mail erreichbar zu sein. Alle Mobilfunkdienste richten auf Wunsch ein elektronisches Postfach fürs Handy ein. E-Mails trudeln dann als SMS ein.

Um den Dienst freizuschalten, eine SMS mit dem Befehl *OPEN* an die Kurzwahlnummer 8000 (D1) bzw. 3400 (D2) schicken. Die E-Mail-Adresse ist Handynummer@t-d1-sms-de bzw. Handynummer@d2-message.de, zum Beispiel 01711234567@t-d1-sms.de. Wichtig: Jede eintreffende Nachricht kostet Gebühren. Bei E-Plus und O2 (ehemals Viag Interkom) lautet die Freischaltanweisung *Start*. Sie muss einmal an die Nummer 7676245 (E-Plus) bzw. 6245 (Viag) geschickt werden. Die E-Mail-Adressen enden mit genion.de oder smsmail.eplus.de, jeweils mit der Handynummer davor.

215. Besser als Datenpaket

Ob mit Handy oder Organizer: Viele möchten auch unterwegs auf E-Mails, Daten und Web zugreifen können. Allerdings sind die Kosten für den mobilen Datenaustausch mitunter erheblich: Die Mobilfunkfirmen berechnen für jeden Nutzungstag und für jedes angebrochene 10-KByte-Datenpäckchen gepfefferte Preise.

Wer regelmäßig unterwegs online geht, sollte deshalb unbedingt ein Datenpaket ordern. Da gibt es zu einem monatlichen Festpreis ab rund 5 Euro wahlweise 1, 5 oder 20 MByte Daten. Fünf MByte reichen gewöhnlich für 500 Organizer-optimierte Webseiten oder rund 1.000 E-Mails ohne Anhang. Wer dieses Kontingent ausschöpft und mehr Kapazität braucht, zahlt dafür einen deutlich niedrigeren Tarif.

216. Handy als mobiles Modem

Moderne Handys verfügen oft über ein serienmäßig eingebautes Modem. Das trifft zum Beispiel auf alle Mobiltelefone mit WAP-Funktion und GPRS-Unterstützung zu. Praktisch: Die Datenfähigkeit lässt sich auch am Notebook nutzen, etwa um unterwegs online zu gehen. Dazu die mit dem Handy ausgelieferte Software auf dem Notebook einrichten, damit ein Datenaustausch zwischen Rechner und Handy möglich wird.

Am praktischsten ist die drahtlose Verbindung per Bluetooth. Die kann jedoch nur genutzt werden, wenn Telefon und Notebook die *blauen Zähne* unterstützen. Für rund 70 Euro gibt es ein praktisches Aufsteckmodul (etwa von AVM). Einfach auf die USB-Schnittstelle stöpseln, schon steht Bluetooth zur Verfügung.

217. Einfacher mobil online

Unterwegs mit dem Notebook online zu gehen, um E-Mails abzurufen oder eine Webseite anzusteuern, hat zweifellos einen gewissen Charme und kann auch praktisch sein. Mobile Datenfunkstandards wie GPRS und HSCSD bieten heute ein akzeptables Surftempo. Einzige Hürde: Das oft komplizierte Einrichten der mobilen Datenkarte oder das Abstimmen des Notebooks aufs Handy.

Der Provider Talkline zeigt ein Herz für alle Mobilfunker und bietet auf seiner Homepage das praktische Hilfsprogramm Netconnect an. Die unter www.talkline.de/netconnect kostenlos erhältliche Einwahlhilfe konfiguriert das Notebook vollautomatisch. Anschließend reicht ein Doppelklick auf das Online-Logo auf dem Desktop, um online zu gehen.

218. Mit Hightech auf Reisen

Kaum ein Geschäftsreisender möchte heute noch ohne Notebook und Handy unterwegs sein. Doch gute Vorbereitung ist nötig. Auch wenn die Geräte im Flugzeug nicht benutzt werden, ist der Akku vor Reisebeginn unbedingt aufzuladen. Grund: Oft verlangt das Sicherheitspersonal am Flughafen, dass elektronische Geräte kurz eingeschaltet werden. Auf diese Weise soll die Funktionstüchtigkeit nachgewiesen werden.

Ist der Akku leer, muss erst ein Netzteil angeschlossen werden – das kostet nicht nur Zeit, sondern vielleicht auch den Anschlussflug. Ebenfalls zu beachten: Notebooks mit CD-Laufwerk dürfen bei vielen Luftlinien gar nicht benutzt werden. Wenn möglich, das CD-Laufwerk deshalb vor Abflug aus dem Schacht nehmen oder erst gar nicht anschließen. Das hilft, Diskussionen mit der Crew zu vermeiden.

219. Handykosten sparen bei Auslandsreisen

Nach jeder Auslandsreise derselbe Ärger: Die Rechnung des Mobilfunkanbieters ist höher als erwartet. Dabei liegt das oft nur an den falschen – oder besser: nicht optimalen – Einstellungen bei der Weiterleitung der Anrufe. Denn wenn von *bedingten Rufumleitungen* Gebrauch gemacht wird, etwa *Umleitung bei Besetzt* oder *Umleitung bei Nichterreichen*, wird der Mobilanruf erst ins Ausland weitergereicht und anschließend bei Bedarf zurück zur Mailbox.

Das Problem: In dem Fall entstehen erhebliche Kosten, da der eingehende Anruf zuerst ins Ausland vermittelt und von dort wieder zurück zur Mailbox geschickt wird. Der Handybenutzer zahlt doppelt (der Anrufer außerdem den regulären Tarif). Wird jedoch die *generelle Rufumleitung* aktiviert, leitet der Mobilfunkanbieter die Anrufe sofort auf die Mailbox weiter, ohne Zusatzkosten. Die generelle Rufumleitung kann jederzeit aus dem Ausland kostenlos und bequem über die Menüs ein- oder ausgeschaltet werden.

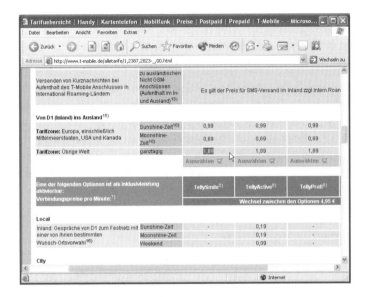

220. Nach Rückkehr Handy einschalten

Wer auch im Ausland gern mit dem Handy telefoniert, sollte nach der Rückkehr in Deutschland möglichst sofort das Mobiltelefon einschalten. Am besten noch am Flughafen. Denn nur so wird die eigene Rufnummer wieder im Inland eingebucht, der Auslandsbesuch quasi auch im Mobilfunknetz offiziell beendet.

Auf diese Weise lassen sich weitere Gebühren für eintreffende Anrufe vermeiden. Denn kostspielige Weiterleitungen ins Ausland oder sogar doppelte Umleitungen aus dem Ausland zurück auf die eigene Mailbox zu Hause werden durch das Einbuchen im Heimatnetz wirkungsvoll beendet. Wichtiger Sicherheitshinweis: Erst nach Verlassen des Flugzeugs das Mobiltelefon benutzen.

221. Alle zwei Jahre ein neues Handy

Die Mobilfunktechnik entwickelt sich schneller, als den meisten lieb ist. Was heute noch als supermodern gilt, das gehört morgen schon zum alten Eisen. Ein neues Handy wäre schön – aber dafür ist im Augenblick kein Geld da? Macht nichts, die meisten Mobilfunkfirmen bezuschussen bei guten Kunden alle zwei Jahre den Handy-Neukauf.

Denn nach zwei Jahren ist der Mobilvertrag in der Regel abgelaufen, der Wechsel zu einem anderen Provider für den Kunden grundsätzlich möglich (mittlerweile sogar, ohne die Rufnummer wechseln zu müssen, was allerdings eine geringe Gebühr kostet). Wer Treue beweist, kann sich über ein kostenloses oder zumindest günstiges Neu-Handy freuen – ist dann aber auch zwei weitere Jahre an den Provider seiner Wahl gebunden. Meist reicht ein Anruf bei der Service-Hotline.

222. Bluetooth statt Kabel

Moderne Organizer und auch viele Handys verfügen heute über Bluetooth. Ein Funkstandard, der drahtlose Kommunikation zwischen Geräten ermöglicht. So ist es zum Beispiel möglich, mit Hilfe von Bluetooth einen Drucker kabellos mit dem PC zu verbinden. Noch praktischer ist es aber, wenn das Handy oder der Organizer sich per Funk mit dem Rechner unterhält und auf diese Weise Fotos hin und her geschickt werden können oder der Terminkalender abgeglichen wird.

Anders als bei Infrarot müssen die Geräte bei Bluetooth keinen Sichtkontakt haben. Bis zu zehn Meter lassen sich in der kleinsten Version von Bluetooth überbrücken. Während viele Notebooks bereits serienmäßig mit Bluetooth ausgerüstet sind, müssen Tischrechner nachgerüstet werden. Solche Adapter zum Nachrüsten gibt es ab rund 35 Euro im Fachhandel. Die meisten lassen sich bequem auf einen USB-Steckplatz stöpseln.

223. Kein Infrarot unter Windows

Der Datenaustausch über die Infrarotschnittstelle gehört für viele heute zum Büroalltag. Doch mit Windows 2000 und Windows Me kann es Schwierigkeiten geben. Windows Me zum Beispiel muss erst auf den Einsatz vorbereitet werden. Unbedingt innerhalb der Systemsteuerung im Hardware-Assistenten einen *virtuellen Infrarot-COM-Port* installieren. Erst dann geht´s.

Windows 2000 verfügt nicht über die notwendigen Treiber. Sie können allerdings unter www.ircomm2k.de kostenlos geladen werden. Wichtig: Für eine Datenübertragung mit hoher Geschwindigkeit (GPRS oder HSCSD) ist stets ein Kabel vorzuziehen, da Infrarot nicht schnell genug arbeitet. Entsprechende Kabel gibt es für die meisten Handy-Modelle bei www.novamedia.de.

224. Funkkontakt mit Pocket-PC

Wer seinen Pocket-PC mit einem praktischen Bluetooth-Modul ausstattet, um drahtlos mit anderen Rechnern, Servern oder dem eigenen Handy Kontakt aufnehmen zu können, kämpft mitunter mit der mangelnden Funktionstüchtigkeit des Funkmoduls. Manchmal signalisiert die Sendeeinheit überraschend fehlende Betriebsbereitschaft.

In dem Fall mit einem Stift auf das Bluetooth-Logo klicken und die Funktion *Funk einschalten* auswählen. Meist reicht das. Sollte jedoch eine Fehlermeldung wie *Stapel nicht geladen* erscheinen, empfiehlt sich ein Warm Reset des Rechners. Dazu beim iPaq mit einem Stift in das Reset-Loch drücken. Nach dem Neustart wird das Modul auf jeden Fall erkannt, die Daten bleiben erhalten.

225. Mit Bluetooth ins Netz

Gar nicht so einfach, mobil ins Internet zu gehen, wenn Handy und Organizer per Infrarot Kontakt halten müssen. Vor allem in hellen Räumen gibt es Probleme. Ebenso, wenn irgendetwas die kurze Funkstrecke stört. Viel praktischer ist es, Bluetooth zu benutzen. Denn diese Funktechnik funktioniert auf mehrere Meter Distanz und unabhängig von Helligkeit oder störenden Geräten oder Personen zwischen Sender und Empfänger.

Immer mehr moderne Handys, vor allem die der gehobenen Preisklasse, sind serienmäßig mit der praktischen Funktechnik ausgestattet. Für Palm-Organizer und Pocket-PC gibt es handliche Bluetooth-Module zum Einstecken. Nach wenigen Handgriffen können sie über Bluetooth funken.

226. Wie heißt mein Bluetooth-Handy?

Bluetooth wird immer beliebter. Schließlich können sich mit dieser Funktechnik so verschiedene Geräte wie Handy, Drucker, Organizer und PC miteinander unterhalten. So lassen sich ohne lästiges Kabelstöpseln Daten austauschen. Wer auf diese Weise drahtlos Daten austauschen will, kann seinem Gerät einen individuellen Namen geben, etwa *Mein BT-Handy*. Der Name erscheint in Klartext in den Verbindungsmenüs anderer Bluetooth-Geräte.

Manchmal wird jedoch anstatt des individuellen Namens lediglich die kryptische Bluetooth-Adresse angezeigt, eine 48 Bit lange und einzigartige Seriennummer, über die jedes Gerät verfügt. Wer die individuelle Bluetooth-Adresse seines Nokia-Handys in Erfahrung bringen möchte, tippt im Standby-Modus einfach den Kontrollbefehl *#2820# ein. Das Handy präsentiert anschließend die eigene Bluetooth-Seriennummer.

227. Auf den richtigen Akku kommt es an

Das Handy piept, der Organizer droht mit Datenverlust oder das Notebook verabschiedet sich – natürlich garantiert im wichtigsten Moment und früher als erwartet. Selten ist es wichtiger, ganz genau hinzusehen, als beim Akkukauf. Wer hier spart, macht das am falschen Ende. Denn nur hochwertige Akkus sorgen auch unterwegs lange für die nötige Energie.

Gut ist alles, wo Lithium im Namen vorkommt. Am besten halten Akkus, die auf Lithium-Polymer oder Lithium-Ionen als Energiespeicher setzen. Nicht empfehlenswert: Nickel-Metallhydrid-Akkus, sie pfeifen allzu schnell aus dem letzten Loch. Möglichst ganz die Finger lassen sollte man von Akkus mit Nickel-Cadmium. Auch sie halten nicht lange durch und haben zudem eine viel zu kurze Lebensdauer.

228. Akkus schonend behandeln

Mobile Geräte wie Fotokameras, Handys oder Organizer brauchen Strom – und der kommt meist aus einem Akku. Moderne Stromspeicher nehmen es ihren Besitzern heute nicht mehr so übel wie früher, sollten sie mal nicht vollständig aufgebraucht und dann ebenso vollständig wieder aufgeladen werden. Es empfiehlt sich trotzdem, die Akkus in regelmäßigen Abständen komplett zu entladen.

Denn: Anderenfalls verlieren die wieder aufladbaren Batterien 20 bis 30 Prozent ihrer Leistungsfähigkeit, was sich in kürzeren Gebrauchszeiten bemerkbar macht. Außerdem wichtig: Akkus bei längerer Nichtbenutzung aus dem Gerät nehmen, anderenfalls droht eine Tiefentladung. Auch das beeinträchtigt die Kapazität des Akkus.

229. Ersatzakku fürs Handy

Auch wenn die Leistung moderner Akkus immer besser wird: Irgendwann ist Schluss mit der Energieversorgung. Viele Langtelefonierer haben deshalb einen zweiten Akku im Gepäck. Wer den nicht beim Handy-Hersteller kauft, sondern im unabhängigen Zubehörhandel, kann eine Menge Geld sparen. Aber aufgepasst: Der Akku sollte zumindest dieselbe Kapazität wie das Original haben. Deshalb unbedingt die Milli-Amperestunden (mAh) vergleichen, die meist auf der Rückseite des Akkus angegeben werden.

Auch bei der verwendeten Akkutechnik ist Vorsicht angebracht. Man sollte keinen preiswerten Akku aus Nickel-Metallhydrid (NiMH) verwenden, wenn das Originalgerät mit Lithium-Ionen gespeist wird. NiMH-Akkus haben eine kürzere Laufzeit und vertragen sich nicht immer mit dem Ladegerät.

230. Faxe empfangen ohne Faxgerät

Immer und überall erreichbar sein – dank Rufumleitung und Mailbox für Telefon und Handy heute überhaupt kein Problem mehr. Doch wer auch die sonstige Korrespondenz umleiten will, der braucht dafür ein virtuelles Büro. Es gibt im Internet mittlerweile diverse Dienste, die

Unified Messaging anbieten, den ortsunabhängigen Austausch von E-Mail, Fax, Voice und SMS.

Der Onlinedienst Web.de bietet mit Freemail (freemail.web.de) einen besonders umfassenden Service – sogar kostenlos und unterwegs bequem per WAP-Handy erreichbar. Jeder registrierte Benutzer bekommt eine eigene Telefonnummer, unter der er Anrufe und Faxe entgegennehmen kann, die Web.de dann per E-Mail an jeden Ort der Welt weiterreicht.

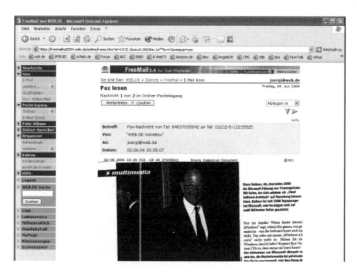

231. Mit Handy im Ausland surfen

Andere Länder, andere Sitten. Wer auch im Ausland per Handy und Notebook im Internet surfen möchte, muss in manchen Ländern mit Problemen rechnen. Manchmal kann trotz korrekter Telefonnummer keine Verbindung zum Provider hergestellt werden, obwohl das normale Telefonieren problemlos funktioniert. Grund: Der automatisch ausgewählte Roaming-Partner, also das Mobilfunkunternehmen im Ausland, erlaubt zwar Sprachverbindungen, aber keinen Datenverkehr.

Im Zweifelsfall vor Antritt der Reise bei der Hotline des Mobilfunkanbieters nachfragen. Wenn im Reiseland mehrere Mobilfunkunternehmen ihre Dienste anbieten, probeweise einen anderen Netzbetreiber versuchen – vielleicht erlaubt der das Datenfunken. Der Wechsel erfolgt am Handy über die *Netz-wählen*-Funktion. Nach einem Suchlauf erscheinen alle verfügbaren Provider. Einfach der Reihe nach ausprobieren.

232. Günstiger Rückruf

Jeder kann seinem mobilen Telefonanbieter ein Schnippchen schlagen: Mit einem internationalen Rückruf (Callback) lassen sich überall auf der Welt die meist deutlich günstigeren Ferngesprächsgebühren amerikanischer Gesellschaften nutzen, sogar auf dem Handy! Zuerst beim Callback-Dienst anmelden, etwa unter www.rueck-ruf.de. Zum Telefonieren die Rufnummer des Dienstes wählen und nach zweimal Läuten auflegen. Der Rückruf-Computer meldet sich umgehend zu US-Konditionen zurück.

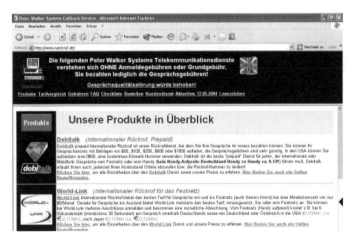

Erst jetzt die gewünschte Rufnummer eintippen. Selbst für nationale Gespräche vom Handy sind nur gut 15 Cent fällig. Vor allem für Kunden mit Guthabenkarte praktisch. Aber auch alle anderen können sparen – vor allem bei Gesprächen im und ins Ausland.

233. Virenschutz für Organizer

Auch Organizer wie Palm und Pocket-PC sind mittlerweile durch Computerviren bedroht. Denn moderne Minicomputer haben alles, was Autoren von Viren-Software erfreut: ein einheitliches Betriebssystem (Epoc, PalmOS oder Windows CE), Onlinezugang übers Handy, Adressbücher und einen Festspeicher mit Daten.

Virenschutz ist deshalb heute auch für Organizer nötig – und möglich. Die Antiviren-Software *Symantec Antivirus* für PalmOS gibt es kostenlos unter www.symantec.de zum Download. Auch die Firma TrendMicro bietet Virenschutz: Das *PC-cillin for Wireless* gibt es unter www.trendmicro.de/wireless, wahlweise für Palm, Epoc und Windows CE. Wer auf Nummer Sicher gehen will, sollte sich schützen.

234. Surfen ohne Bilder

Auch unterwegs ins Internet zu gehen oder mal eben den E-Mail-Briefkasten zu leeren ist dank moderner Handys kein Problem mehr: Bequem stellen Notebook und Mobiltelefon per Infrarot oder Bluetooth eine Verbindung her und bieten so Zugang zum Netz. Das reduzierte Onlinetempo und die meist hohen Gebühren sind der einzige Wermutstropfen.

Deshalb empfiehlt es sich, Bilder und Animationen während der mobilen Surftour abzuschalten. Dazu im Browser die Funktion *Internetoptionen* im Menü *Extras* aufrufen und dort auf *Erweitert* klicken. Danach die Option *Bilder anzeigen* deaktivieren. Sobald eine Verbindung über Modem oder LAN zum Netz hergestellt wird, sollte die Option wieder eingeschaltet werden.

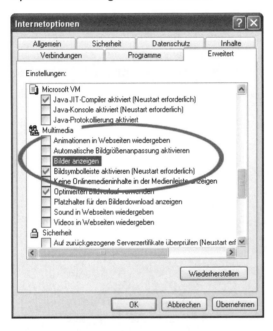

235. Staumeldungen aufs Handy

Routenplaner mit aktuellen Verkehrshinweisen gibt es jede Menge, vor allem im Internet. Nur: Wer bereits unterwegs ist, kann solche Angebote kaum nutzen. Der Falk-Verlag bietet jedoch einen praktischen Verkehrsservice für Reisende an: Unter wap.falk.de können Besitzer von WAP-Handys nicht nur Fahrtrouten planen, sondern auch rund um die Uhr kostenlos die aktuelle Verkehrssituation auf bundesdeutschen Autobahnen abrufen.

Während das Planen einer Route mit WAP-Handys aufgrund der behäbigen Eingabe eher zeitaufwendig ist, erscheinen die aktuellen Staumeldungen schon Sekunden später im Display. Besonders schnell funktioniert das, wenn die WAP-Adresse als Favorit gespeichert wird.

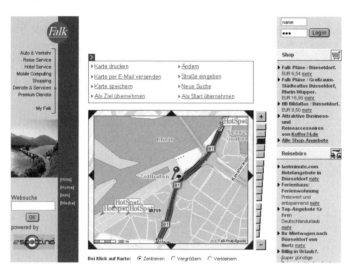

236. Fotos per Funk

In vielen Brust- und Hosentaschen steckt heute ein Foto-Handy. Doch so manche Gelegenheit zum Schnappschuss verstreicht ungenutzt, weil der Besitzer die nicht unerheblichen Versandgebühren von wenigstens 39 Cent pro MMS-Foto scheut.

Dabei lassen sich die Aufnahmen auch zum Nulltarif überspielen: Schnittstellen wie Infrarot oder Bluetooth übertragen die Fotos jederzeit drahtlos an PC oder Notebook. Mit dem Funkstandard Bluetooth geht das am bequemsten. Bei Bedarf lässt sich jeder PC durch Aufstecken eines rund 30 Euro teuren USB-Bluetooth-Adapters problemlos aufrüsten. Eine Investition, die sich zumindest bei Besitzern eines Foto-Handys sehr schnell bezahlt macht.

237. Mehr Fotos durch mehr Speicher

Wer Spaß am Fotografieren mit seinem Foto-Handy hat, merkt früher oder später: Der serienmäßig spendierte Speicher ist meist schnell aufgebraucht. Bevor weitere Schnappschüsse gemacht werden können, muss man sich von alten Bildern trennen.

Doch das muss nicht sein. Denn moderne Foto-Handys, vor allem die der oberen Preisklasse, erlauben es, den Speicher aufzurüsten. Bei Bedarf lassen sich kleine Speicherchips in das Gerät stecken, die den eingebauten Speicher erweitern. Auf diese Weise lassen sich deutlich mehr Fotoaufnahmen machen.

Ob das eigene Foto-Handy sich in Sachen Speicher aufrüsten lässt, steht im Handbuch. Oder mal ins Handy hineinschauen: Dazu den Akku entfernen und nachschauen, ob dort Platz für eine Speicherkarte vorgesehen ist.

238. Bildqualität beim Foto-Handy

Noch können es moderne Foto-Handys in Sachen Bildqualität zwar nicht mit digitalen Fotokameras aufnehmen, doch die Auflösung der knipsbereiten Mobiltelefone wird stets besser. Längst gilt die VGA-Auflösung (640 mal 480 Pixel) als Standard. Allerdings nimmt dadurch auch der Speicherhunger der Schnappschüsse zu.

Die Folge: Das Übertragen der Fotos als MMS wird teurer, der eingebaute Speicher im Handy geht schneller zur Neige. Doch nicht immer muss mit der maximal möglichen Auflösung fotografiert werden. Die meisten Foto-Handys bieten deshalb die Möglichkeit, mit reduzierter Auflösung zu fotografieren. Die Bilder nehmen dann weniger Platz in Anspruch, es lassen sich mehr Aufnahmen machen.

239. Weniger Elektrosmog: Sendeleistung reduzieren

Wer sich beim Telefonieren mit dem Handy Gedanken um mögliche Nebenwirkungen durch die Sendeleistung des tragbaren Telefons macht (Stichwort: Elektrosmog), sollte einfach ein paar Grundregeln beachten. So lässt sich das Gesundheitsrisiko ganz leicht minimieren.

Wichtig zu wissen: Bei schlechtem Empfang sendet das Handy grundsätzlich mit maximaler Leistung. Das belastet nicht nur den Akku, sondern erhöht außerdem mögliche Nebenwirkungen. Deshalb bei schlechtem Empfang möglichst kurz telefonieren oder gleich einen besseren Standort wählen, etwa vor einem Fenster. Das reduziert die Sendeleistung erheblich – und damit logischerweise auch die mögliche Strahlenbelastung.

Wer häufig im Auto telefoniert, sollte auf jeden Fall eine Freisprecheinrichtung verwenden und außerdem eine Außenantenne anbringen. Denn ohne Außenantenne ist der Empfang im Auto ohnehin vergleichsweise schlecht, die Sendeleistung des Handys aber hoch. Auch bei Zugfahrten arbeitet das Handy in der Regel mit hoher Sendeleistung, da aufgrund der hohen Geschwindigkeit ständig neue Funkzellen gesucht werden.

Abgesehen davon empfiehlt sich vor allem für Vieltelefonierer die Verwendung eines Headsets (Kopfhörer). Denn das verringert die Einwirkung elektromagnetischer Wellen auf den sensiblen Kopfbereich, da das eigentliche Handy bei Gesprächen mit Abstand vom

Kopf mitgeführt werden kann. Das gilt sowohl für Kabel- als auch für kabellose Headsets, etwa solche mit Bluetooth-Funk, die mit extrem geringer und daher unbedenklicher Leistung arbeiten.

240. Surfen im Web mit Palm

Wer einen Palm-Organizer besitzt, schielt mitunter etwas neidisch auf die Konkurrenz: Denn Microsoft hat dem Pocket-PC einen echten Browser zum Surfen im World Wide Web spendiert. Doch auch mit den Organizern Palm, Handspring und Sony lässt sich – eingeschränkt – auf Internetinhalte zugreifen: per Clipping.

Einzige Voraussetzung ist eine bestehende Verbindung zum Internet, über Kabel oder Infrarotschnittstelle. Das Mobile Internet Kit macht´s möglich. Neueren Palms liegt dieser Zusatz bei, Besitzer älterer Geräte können das Kit im Handel kaufen. Per Web-Clipping (www.palm.com/europe) werden nun die gewünschten Informationen von den Webseiten geholt und auf dem Palm dargestellt. So stehen auch unterwegs Web, E-Mail und WAP zur Verfügung.

241. Wichtige Namen zuerst

Moderne Palm-Organizer können sich heute ohne weiteres mehrere hundert Namen, Adressen und Telefonnummern merken. Praktisch, da auf diese Weise auch unterwegs immer alle Kontaktdaten zur Hand sind. Weniger praktisch ist jedoch, dass der Palm die Adressliste alphabetisch nach Namen sortiert, so dass die Anzeige stets bei A beginnt.

Die Folge: Für weiter hinten liegende Einträge muss der Benutzer emsig blättern oder in der Liste scrollen, was lästig und zeitaufwendig sein kann. Ein im Grunde simpler Trick hilft jedoch elegant aus der Klemme: Wer bei wichtigen und häufig benutzten Kontakten dem Namen ein Leerzeichen voranstellt, erreicht, dass diese Kontakte gleich am Anfang der Liste erscheinen.

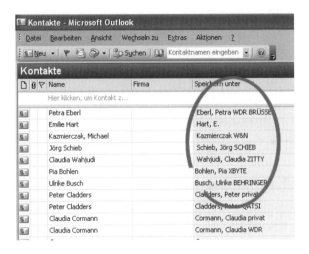

242. Stromsparen beim Palm

Wer die Energiereserven seines ständigen Wegbegleiters schonen will, sollte auf unnötige Stromfresser verzichten. So schont es die Energiezellen, wenn sich das Gerät möglichst rasch von allein ausschaltet. Dazu in der Anwendung *Einstellen* im Menüpunkt *Allgemein* unter *Auto-Aus* eine Minute auswählen.

Nach einem schnellen Knopfdruck ist der Palm wieder zur Stelle. Zweiter Stromfresser ist die ständige Empfangsbereitschaft des Palm. Unter *Einstellen › Allgemein* auf *Empfang* klicken. Ist hier *Ein* gewählt, sucht der Palm ständig nach Infrarotsendern. Das kostet Energie. Wenn *Aus* gewählt wird, kann der Palm selbst noch senden, geht aber nicht mehr auf Empfang. Das schont die Energiereserven erheblich.

243. Palm: Automatisches Abschalten deaktivieren

Wer häufig mit Palm-Organizern arbeitet, kennt das Problem: Nach einer Weile schaltet das Gerät automatisch ab, um den Akku zu schonen. Ein Service, der mitunter unerwünscht ist. Doch es gibt eine Möglichkeit, die automatische Selbstabschaltung zu verhindern.

Palm hat für diesen Zweck eine eigene Graffiti-Zeichenkombination vorgesehen.

Dazu das Shortcut-Symbol ins Eingabefeld schreiben (kleines „*l*"), anschließend zwei Punkte und die Ziffer 3 eingeben. Von nun an lässt sich der Palm nur noch über den Ein-/Ausschalter ein- und ausschalten. Um die Selbstabschaltung wieder zu aktivieren, unter *Einstellungen > Allgemein* das gewünschte Zeitintervall wählen oder einen Soft-Reset durchführen.

244. Neustart ohne Datenverlust

Auch wenn Organizer von Palm gewöhnlich stabiler arbeiten als Pocket-PCs: Manchmal hängt sich auch ein Palm einfach auf, meist wenn ein Programm unsauber programmiert wurde. In solchen Fällen ist meist ein Reset nötig: Dazu mit Zeigestift oder Büroklammer in das kleine Loch auf der Rückseite des Geräts drücken. Bei diesem Neustart gehen keine Daten verloren.

Sollte das nicht zum Erfolg führen, ist ein harter Reset nötig. In dem Fall den Einschaltknopf drücken und gedrückt halten. Dann wie beschrieben die Reset-Taste betätigen und den Einschaltknopf erst nach fünf Sekunden wieder loslassen. Nach Bestätigen der Sicherheitsabfrage sind alle Daten gelöscht, aber der Organizer arbeitet wieder.

245. Termin bequem verschieben

Palm-Organizer sind praktische Begleiter und merken sich problemlos unzählige Termine. Viele Palm-Benutzer erfassen die Termine am PC-Bildschirm und übertragen sie per Knopfdruck auf den Palm, weil es bequemer ist. Doch wer unterwegs ist und einen Termin verschieben muss, braucht dazu nicht erst umständlich die Detailansicht des Termins aufzurufen.

Stattdessen in der Wochenübersicht auf den betreffenden Termin tippen und bei weiterhin niedergedrücktem Stift an die neue Position ziehen. Im Vorschaufenster erscheinen der genaue Zeitpunkt und die

Beschreibung des Termins. Am Ende den Terminkasten loslassen, und der neue Termin ist eingetragen.

246. Tapete für Pocket-PC

Das dezente Blau im Display des Pocket-PCs finden viele auf Dauer etwas langweilig. Dabei lässt sich der Hintergrund im Organizer genauso selbstverständlich variieren wie auf dem Tisch-PC: Dazu zunächst ein Bild wählen, das sich als Hintergrund für den Pocket-PC eignet.

Unter www.pocketpcthemes.com gibt es eine beachtliche Auswahl. Wichtig: Das gewünschte Bild mit der Dateiendung *.tsk* auf dem Rechner speichern. Danach den Pocket-PC anschließen und synchronisieren. Innerhalb von ActiveSync auf *Durchsuchen* klicken und die TSK-Datei per Drag and Drop vom Desktop-PC in den Ordner *Windows* des Pocket-PCs ziehen. Jetzt noch im Organizer nacheinander auf *Einstellungen* und *Heute* tippen und das neue Bild zum Hintergrundbild machen.

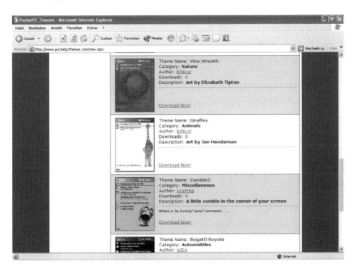

247. Diashow im Pocket-PC

Wer einen mit üppig Arbeitsspeicher ausgestatteten Pocket-PC bei sich trägt, hat sicher schon mal darüber nachgedacht, den

Taschencomputer zum virtuellen Fotoalbum zu machen. Mit kostenlos erhältlichen Programmen (Freeware) wie *Diashow* lassen sich die im Pocket-PC gespeicherten Fotos bequem verwalten, organisieren und natürlich auch anschauen.

Das Programm präsentiert die zum Pocket-PC übertragenen Bilder wahlweise im Vollbild oder mit Kurzbeschreibungen. Das Tempo des Bildwechsels lässt sich bequem einstellen. Außerdem hilft *Diashow* auch bei der Auswahl der zu präsentierenden Bilder, die in den Formaten JPG, BMP, GIF oder PNG vorliegen dürfen. Das Programm gibt es gratis in Downloadbereichen wie www.chip.de.

248. Tipps für Pocket-PCs

Wer auf einem Pocket-PC mehrere Großbuchstaben eingeben will, muss einiges an Geduld mitbringen: Erst die Großschreibung aktivieren, dann die gewünschten Buchstaben antippen und am Ende wieder auf Kleinschreibung wechseln. Aber es geht auch bequemer: Einfach den gewünschten Buchstaben antippen und dann den weiterhin gedrückten Stift um zwei Zeilen nach oben ziehen. Dort loslassen – schon erscheint der entsprechende Großbuchstabe im Display.

Fürs Leerzeichen gibt es einen ähnlichen Trick: Nach Antippen des letzten Buchstabens den weiterhin niedergedrückten Stift einfach kurz nach rechts ziehen. Das Betätigen der Eingabetaste *Enter* lässt sich durch Ziehen des Stifts nach unten simulieren.

249. Den Pocket-PC flott bekommen

Viele haben heute einen Pocket-PC in der Tasche, einen Minicomputer mit abgespeckter Spezialversion von Windows (nur die heißen Pocket-PC). Bei längeren Einsätzen werden die Geräte allerdings spürbar langsamer. Hintergrund: Selbst wenn nicht mehr benutzte Programme beendet werden, bleiben sie im Hintergrund aktiv, damit sie bei einem erneuten Aufruf schneller geladen werden. So drängeln sich immer mehr Programme im Arbeitsspeicher – da wird jeder Computer träge.

Um ein Programm komplett aus dem Speicher zu entfernen, mit dem Stift auf das Windows-Logo tippen und die Funktion Einstellungen auswählen. Anschließend im Register System das Symbol Speicher antippen und dort *Ausgeführt* ansteuern. Eine Liste mit allen derzeit im Speicher befindlichen Programmen erscheint. Durch einfaches Anklicken und Auswählen von *Beenden* lassen sich die Programme gezielt beenden und aus dem Speicher entfernen. Durch Klick auf *Alle beenden* werden alle Programme geschlossen, was jedoch nur selten sinnvoll sein dürfte.

250. Vertrauliche Daten schützen

Auf einem Personal Digital Assistant (PDA) sind meist zahlreiche vertrauliche Informationen gespeichert, etwa Notizen, Rufnummern oder Passwörter. Wer vermeiden möchte, dass andere darauf zugreifen können, kann den Palm Organizer zur Verschwiegenheit verpflichten. Dazu in Version 4 die Funktion *Sicherheit*, in Version 5 die Funktion *Einstellungen* aufrufen.

Im Abschnitt *Allgemein* den Eintrag *Sicherheit* auswählen. Nun ein gut zu merkendes Passwort vereinbaren und unter *Handheld automatisch sperren* ein Zeitintervall eintragen. Nach Ablauf dieses Zeitintervalls ist jedes Mal die Eingabe des Passworts nötig. Die vertraulichen Daten sind so wirkungsvoll geschützt.

251. Palm Pilot sperren

Palm Pilots verraten jedem, was sie gespeichert haben. Wer das verhindern möchte, sollte die Daten wegschließen und ein Zugangskennwort vereinbaren. Dazu in der Systemfunktion hinter *Sicherheit* das gewünschte Kennwort eintragen. Am besten eins, das nicht zu kurz und nicht zu lang ist – zwei bis drei Zeichen sind ideal.

Danach *Einstellen › Tasten* auswählen und auf *Aus & Sperren* klicken. Im Dialogfeld noch mit OK bestätigen. Soll der Palm Pilot gesperrt werden, einfach mit dem Stift einen Strich von unten nach oben machen. Dann erlaubt der Pilot nur noch nach Eingabe des vereinbarten

Kennwortes den Zugriff auf die Daten. Wichtig: Schaltet der Palm wegen Nichtbenutzung von selbst ab, ist der Kennwortschutz nicht aktiv.

KOMFORTABLER SURFEN

Eigentlich ist ja alles ganz einfach: Wir geben ein paar Suchbegriffe ein, klicken mit der Maus auf „OK" – und Sekundenbruchteile später erscheint auch schon eine lange Liste mit Treffern. Sie enthält Adressen von Webseiten, die mindestens eins der eingetippten Suchwörter enthalten.

Wer zum Beispiel die Suchmaschine Google auf den Begriff „Steuerreform" ansetzt, bekommt über 100.000 Treffer präsentiert. Eine stolze Zahl. Und da wundert sich mancher, wie das eigentlich so schnell möglich ist. Wie Google in der Zeit eines Wimpernschlags das gesamte Internet nach bestimmten Begriffen durchforsten kann.

Die ernüchternde Antwort: Es ist gar nicht möglich. Denn Suchmaschinen wie Google funktionieren anders. Nachdem ein Suchbegriff eingetippt wurde, schauen sie nämlich in einem elektronischen Schlagwortkatalog nach. So ähnlich wie in einer Bibliothek.

Der elektronische Katalog, eine immense Datenbank, enthält mehrere Milliarden Einträge. Jede Sekunde kommen neue dazu. Denn rund um die Uhr durchkämmen Hochleistungscomputer von Google das World Wide Web. Schauen sich jede Webseite ganz genau an und speichern entdeckte Schlagwörter samt Adresse.

Die meisten Webseiten werden nur alle paar Wochen besucht. Deshalb sind die Kataloge auch nie auf dem neuesten Stand. Einige Seiten, und zwar gar nicht mal wenige, werden nie besucht – landen also auch nicht in der Datenbank.

Jeder Suchdienst geht nach anderen Methoden vor. Schon allein deswegen unterscheiden sich die präsentierten Fundstellen der Suchdienste mitunter erheblich. Das gilt vor allem für die Reihenfolge, das so genannte Ranking der Treffer. Bei Google gilt: Je öfter auf eine bestimmte Webseite verlinkt wird, desto besser die Beurteilung. Die Idee: Wenn auf ein Angebot besonders oft hingewiesen wird, dann kann es eigentlich nur gut sein.

Eigentlich überzeugend. Doch in Wahrheit funktioniert das schon lange nicht mehr zuverlässig. Vor allem betrügerische Anbieter im Web tricksen Google und andere Suchdienste gern aus, indem sie den voll elektronischen Rechercheuren Popularität vorgaukeln. Google kennt das Problem – und tüftelt an einer Lösung.

252. Den Browser auffrischen

Manchmal zeigt der Browser immer wieder dieselbe Webseite, obwohl sich der Inhalt eigentlich geändert haben müsste. In einem solchen Fall muss der Browser gezwungen werden, die Anzeige aufzufrischen. Im Internet Explorer dazu auf die Schaltfläche *Aktualisieren* klicken. Hilft das nicht weiter, gleichzeitig die Taste [Strg] drücken.

Bleibt die Anzeige weiterhin unverändert, muss der Cache geleert werden. Dazu im Internet Explorer *Extras › Internetoptionen* auswählen und im Bereich *Temporäre Internetdateien* auf die Schaltfläche *Dateien löschen* klicken. Mit OK bestätigen. Benutzer des Netscape Navigators finden die Internetoptionen in der Systemsteuerung von Windows. Spätestens jetzt sollte der Browser die Webseite auffrischen.

253. Persönlicher Internet Explorer

Individualität ist Trumpf, nicht nur in der Welt der Mobiltelefone. Wer auch den Internet Explorer nach eigenen Bedürfnissen gestalten will, möglicherweise sogar jede Woche anders, der sollte wissen: Microsofts Browser kann jederzeit mit einer persönlichen *Skin* (wörtlich: Haut) versehen werden.

So werden individuelle Layouts und Optiken genannt, die sich einem Programm wie dem Internet Explorer per Mausklick überstülpen lassen. Unter www.hotbar.com stehen über 72.000 verschiedene Outfits für den Internet Explorer zur freien Auswahl, die meisten kostenlos. Um den Dienst nutzen zu können, muss sich der Benutzer anmelden. Wer der ausgefallenen Optik überdrüssig wird, kann sie jederzeit abschalten oder auch wieder komplett entfernen.

254. Schneller zur Webseite

Kaum eine Webadresse kommt ohne *www* am Anfang und .de am Ende aus. Obwohl sich der Browser eigentlich denken könnte, was gemeint ist. Kann er auch – wenn bei der Eingabe der Adresse die Tasten [Strg][Enter] gedrückt werden. Der Internet Explorer sucht dann automatisch nach Webseiten mit den Endungen *.com, .org, .net* und *.edu* – in dieser Reihenfolge.

Wer auch nach der Endung *.de* suchen lassen möchte, ruft die Funktion *Ausführen* im *Start*-Menü auf und gibt *Regedit* ein. Im Schlüsselfeld *HKey_Local_Machines* nacheinander auf *Software, Microsoft, Internet Explorer, Main* und *URL Template* klicken. Hier einen neuen Schlüssel mit der Endung *.de* eintragen oder einen bestehenden entsprechend ändern.

255. Browser ohne Webseite starten

Gleich nach dem Start holen Internet Explorer und Netscape die als Homepage hinterlegte Webseite aus dem Netz und präsentieren sie auf dem Bildschirm. Wer das unpraktisch findet, etwa weil das bei jedem neu geöffneten Fenster passiert, kann seinen Browser auch nackt starten, ohne geladene Webseite.

Dazu im Menü *Extras* die Option *Internetoptionen* auswählen und das Register *Allgemein* aktivieren. Ein Klick auf *Leere Seite*, und der Internet Explorer präsentiert nach dem Start keine Webseite mehr. In Netscape dazu die Funktion *Einstellungen* im Menü *Bearbeiten* aufrufen. Danach im Eingabebereich *Navigator* die Option *Navigator wird aufgerufen mit leerer Seite* aktivieren.

256. Surfen mit Lieblingsschrift

Jeder Betreiber einer Webseite hat andere Vorstellungen davon, wie die ideale Schriftart und Schriftgröße aussehen. Die Folge: Manche Webseite lässt sich nur schwer oder gar nicht entziffern, etwa auf einem Notebook. Doch die Vorgaben der Webseitenbetreiber können ignoriert werden. Dazu in der Systemsteuerung die *Internetoptionen* aufrufen.

Anschließend die Registerkarte *Allgemein* auswählen und auf *Eingabehilfen* klicken. Hier lässt sich festlegen, ob der Internet Explorer die Vorgaben der Webseiten ignorieren soll oder nicht. Danach nur noch durch Klick auf *Schriftarten* die favorisierte Schriftart und Schriftgröße auswählen, die der Internet Explorer verwenden soll.

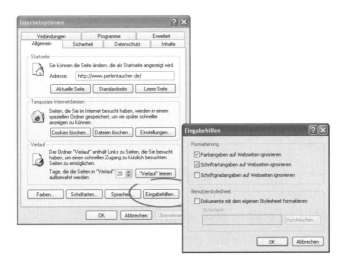

257. FTP mit dem Internet Explorer

Das FTP (File Transfer Protocol) ist ein in erster Linie unter Fachleuten bekannter Service im Internet, der den Austausch von Dateien ermöglicht. Bislang war dafür spezielle Software nötig. Wer die neueren Versionen des Internet Explorers (ab 5.5) benutzt, braucht kein anderes

Programm mehr. Einfach in die Adresszeile des Explorers anstelle der www- die ftp-Adresse eingeben, zum Beispiel ftp://ftp.domain.de.

Genauso einfach lassen sich auch Dateien auf die eigene Homepage übertragen. Der Internet Explorer fragt nach Zugangsname und Passwort – und schon ist der Anwender drin. Um Dateien zu verschicken, einfach im Windows Explorer die betreffenden Dateien markieren und anschließend in den Internet Explorer ziehen. Der sorgt dann schon für die Übertragung.

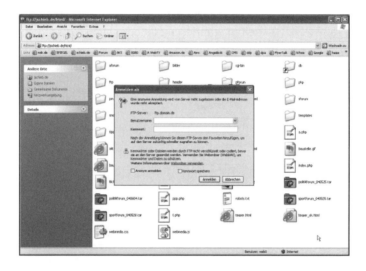

258. Internet Explorer in Wunschgröße

Wird der Internet Explorer durch Doppelklick gestartet, erscheint ein Fenster in scheinbar willkürlich gewählter Dimension auf dem Bildschirm. Manchmal ist allerdings eine ganz bestimmte Größe wünschenswert, etwa um Webseiten zu testen oder den Bildschirm zu ordnen. Durch Eingabe der Anweisung *javascript: window.resizeTo(800,600)* in der Adresszeile des Browsers lässt sich problemlos eine bestimmte Auflösung erreichen.

Der erste Wert ist die gewünschte Breite, der zweite die Höhe des Fensters. Nach Bestätigen des Befehls lässt sich die Anweisung bei Bedarf per Drag and Drop auf den Desktop ziehen. So steht der Größenbefehl dann jederzeit bequem per Drag and Drop oder Doppelklick zur Verfügung.

259. Statusleiste dauerhaft sichtbar

Windows und Internet Explorer präsentieren in der Statusleiste am unteren Fensterrand oft nützliche Zusatzinformationen, etwa über die mit einem Link verknüpfte Webadresse. Das Problem: Die Statusleiste muss jedes Mal extra eingeschaltet werden. Leider merkt sich Windows die gewählte Einstellung nicht. Nach jedem Neustart muss die Statusleiste erneut aktiviert werden.

Um sie dauerhaft zu aktivieren, zuerst im Menü *Ansicht* die Option *Statusleiste* auswählen. Anschließend in den Windows Explorer wechseln und im Menü *Extras* die Funktion *Ordneroptionen* und dort die Einstellung *Ansicht* auswählen. Durch einen Klick auf *Für alle übernehmen* lässt sich erreichen, dass sich Windows die aktuellen Einstellungen dauerhaft merkt.

260. Titel des Browsers ändern

Manche Online-Dienste, Internet-Provider und Programm-CDs installieren ungefragt eine aktuelle Version des Internet Explorers auf dem Rechner. Oft steht in der Titelzeile des Explorers dann ein Firmen- oder Produktname. Wer das ändern will, ruft die Funktion *Ausführen* im *Start*-Menü auf und gibt *Regedit* ein.

Danach im Ordner *HKEY_LOCAL_MACHINE* nacheinander auf die Unterordner *Software, Microsoft, Internet Explorer* und schließlich *Main* klicken. Im Eintrag *Windows Title* lässt sich der Titel für den Internet Explorer bestimmen. Sollte das Eingabefeld noch nicht existieren, einfach nach Anwählen des Ordners *Main* durch die Funktion *Neu > Zeichenfolge* im Menü *Bearbeiten* einen entsprechenden Eintrag anlegen.

261. Auf Sparflamme surfen

Immer und überall ins Internet gehen zu können ist zweifellos eine feine Sache – kann aber ganz schön ins Geld gehen. Mobile Daten-surfer sollten deshalb lieber sparsam sein: Den Browser so einstel-len, dass er nur das überträgt, was wirklich wichtig ist. Der Trick: Verzichtbares erst gar nicht zu übertragen, etwa Werbegrafiken oder schmückendes Multimediabeiwerk. Einfach im Internet Explorer die Funktion *Extras > Internetoptionen* auswählen und auf das Register *Erweitert* klicken.

Dort finden sich unter der Überschrift *Multimedia* verschiedene Opti-onen zur Anzeige vom Grafiken und Wiedergabe von Multimediaele-menten wie Sound oder Videos. Ein Mausklick und die betreffenden Daten werden nicht mehr übertragen. Der Browser muss allerdings beendet und neu gestartet werden, damit die Änderungen greifen. Kleiner Wermutstropfen: Viele moderne Seiten lassen sich ohne Multimediakomponenten kaum oder gar nicht mehr erkennen und bedienen.

262. Standardgröße für Fenster festlegen

Wenn Windows ein neues Fenster für den Windows Explorer oder den Internet Explorer öffnet und auf dem Bildschirm präsentiert, entsteht mitunter der Eindruck, die von Windows gewählte Fenstergröße wäre willkürlich. Doch das ist sie gar nicht: Wer mag, kann bequem eine Wunschgröße für neu zu öffnende Fenster festlegen, die Windows dann stets für neue Fenster verwendet.

Dazu zunächst mit Hilfe der Maus die gewünschte Fenstergröße im Explorer einstellen. Danach gleichzeitig die Tasten [Strg] und [Shift] drücken und das betreffende Fenster schließen, etwa durch kurzen Klick auf das *x* in der rechten oberen Ecke des Fensters. Durch Betä-tigen der beiden Sondertasten merkt sich Windows die gewünschte Fenstergröße und verwendet sie fortan automatisch beim Öffnen jedes künftigen Explorer-Fensters. Der Trick funktioniert sowohl mit dem Internet Explorer wie Windows Explorer.

263. Archiv für Webseiten

Eine einzelne Webseite ist leicht gespeichert: Einfach die Funktion *Speichern* im Menü *Datei* benutzen. Doch der Internet Explorer bietet auch die Möglichkeit, wahlweise eine komplette Homepage oder Auszüge lokal auf der Festplatte zu speichern. Das kann zum Beispiel dann sinnvoll sein, wenn ein bestimmtes Webangebot intensiv genutzt wird – aber Onlinekosten gespart werden sollen.

Durch das Kopieren auf Festplatte ist das Angebot auch ohne Onlineverbindung nutzbar. Dazu die gewünschte Webseite aufrufen, dann im Menü *Favoriten* die Option *Favoriten hinzufügen* wählen. Die Option *Offline verfügbar machen* aktivieren und angeben, wie viele Linkebenen verfolgt werden sollen (Tipp: maximal 2).

264. Webseiten Platz sparend speichern

Wer Webseiten offline lesen möchte, kann sie jederzeit mit Hilfe der Funktion *Datei > Speichern unter* speichern. Allerdings legen gängige Browser dabei mitunter diverse Dateien und Ordner auf dem Laufwerk an, um Texte, Grafiken und Elemente darin zu sichern.

Wer im Internet Explorer beim Speichern im Eingabefeld *Dateityp* das Format *Webarchiv* wählt, erreicht, dass der Internet Explorer die gesamte Webseite in einer einzigen Datei speichert, zu erkennen an der Dateikennung .mht. So lässt sich eine komplette Webseite ohne viel Aufwand in einer einzelnen Datei sichern und beispielsweise per E-Mail verschicken. Nachteil: Um die Webarchiv-Datei betrachten zu können, muss auch der Empfänger den Internet Explorer benutzen.

265. Schriftgröße variieren

Die meisten modernen Mäuse verfügen über ein kleines Rollrad, mit dem man bequem in Dokumenten blättern oder durch Fenster scrollen kann. Beim Surfen mit dem Internet Explorer bietet das kleine Rädchen eine besonders praktische Zusatzfunktion, die jedoch weitgehend unbekannt ist.

Wird beim Betätigen des Rollrades gleichzeitig die Taste [Strg] gedrückt, verändert der Internet Explorer in kleinen Schritten die Schriftgröße. Auf diese Weise lässt sich die Schrift bequem vergrößern oder verkleinern, ohne dass die gut verborgenen Funktionen in den Menüs bemüht werden müssten. Das funktioniert auf fast allen Webseiten. Ähnliche Ergebnisse lassen sich auch in vielen anderen Programmen erzielen, etwa in Microsoft Office.

266. Bitte ohne MSN suchen

Microsoft lenkt Benutzer neuer Versionen von Windows und Internet Explorer automatisch auf den Suchdienst von MSN. Wird eine unbekannte Webadresse eingegeben oder schleichen sich Vertipper ein, wendet sich der PC ungefragt mit einer Recherche an den Microsoft-Dienst MSN. Der Suchdienst ist aber in der Regel keine große Hilfe.

Die plumpe Umleitung auf den MSN-Dienst kostet nur Zeit. Deshalb empfiehlt es sich, diese Option abzuschalten. Im Internet Explorer darum die Funktion *Extras > Internet-Optionen* aufrufen. Im Register *Erweitert* in der Liste mit den Einstellungen unter *Suchen in Adressleiste* die Option *Nicht in Adressleiste suchen* aktivieren – schon ist der Spuk vorbei.

267. Es muss nicht immer Explorer sein

Die bekanntesten Programme zum Surfen im World Wide Web sind Internet Explorer und Netscape Navigator. Beide sind leistungsfähig und komfortabel, aber auch ziemliche Speicherfresser. Der alternative Browser Opera geht mit dem Arbeitsspeicher viel ökonomischer um und arbeitet spürbar fixer. Vorteile gibt es auch für alle, die gern mehrere Fenster gleichzeitig ins Netz öffnen, da der Browser die Fenster übersichtlicher anordnet.

Opera beherrscht alle wichtigen Web-Standards, nur wenige Seiten werden nicht korrekt dargestellt. Das Programm lässt sich unter www.opera.com kostenlos herunterladen. Aktuell ist die Version 7.5.

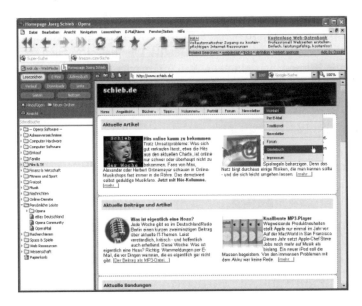

268. Weg mit dem T-Logo

In der oberen rechten Ecke präsentiert der Internet Explorer während Ladevorgängen ein rotierendes Logo, gewöhnlich das des Browsers. Manche Online-Dienste oder Internet Provider ersetzen das Logo allerdings durch ihr eigenes. Wer diese Art der Dauerwerbesendung lästig findet, kann sie jederzeit abschalten.

Dabei hilft das Programm Regedit, mit dem sich die Systemdatei *Registry* bearbeiten lässt. Einfach das Menü *Start › Ausführen* aufrufen und *regedit* eintippen. Danach im Systemordner *HKEY_CURRENT_ USER* nacheinander auf die Einträge *Software, Microsoft, Internet Explorer* und schließlich *Toolbar* klicken. Durch Löschen der Einträge *SmBrandBitmap* und *BrandBitmap* lassen sich die Werbelogos entfernen. Ein Neustart des PCs ist erforderlich.

269. Unbemerkt hinterlassene Surfspuren

Wer im Internet surft, häuft unbemerkt reichlich Informationen auf der Festplatte an. So merkt sich Windows beispielsweise alle aufgerufenen Webseiten und andere Details. Wen das stört, weil so andere sehen können, was einen im Web interessiert, sollte nach jeder Surftour seine Spuren verwischen. Dazu im Internet Explorer auf *Extras* und dann auf die Funktion *Internetoptionen* klicken.

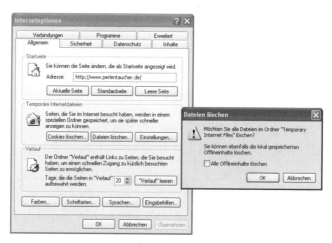

Danach auf *Allgemein* klicken, um dieses Register in den Vordergrund zu holen (falls nicht schon geschehen). Durch einen weiteren Klick auf Dateien *löschen* im Feld *Temporäre Internetdateien* werden die Spuren verwischt. Wer auch noch auf *Verlauf leeren* klickt, stellt sicher, dass auch die Webadressen aus dem Kurzzeitgedächtnis von Windows entfernt werden.

270. Gute Webseiten merken

Wenn eine Webseite besonders gut gefällt, lohnt es, sich die Adresse dauerhaft zu notieren. Beim Internet Explorer ist das mit Hilfe des Ordners *Favoriten* möglich, bei anderen Browsern meistens *Lesezeichen* genannt. Wenn die aktuell gezeigte Webseite zu den Favoriten (Lesezeichen) hinzugefügt werden soll, geht das am bequemsten per Drag and Drop.

Einfach mit der Maus in der Adressleiste auf das kleine Symbol vor der eigentlichen Adresse klicken und die Maustaste gedrückt halten. Danach das Symbol langsam auf das Menü *Favoriten* bzw. *Lesezeichen* ziehen. Nach einer kurzen Pause klappt der Browser das Menü aus. Praktisch: Die Adresse kann nicht nur an einer beliebigen Stelle abgelegt werden, man kann auch gleich einen Unterordner auswählen. Im Ziel angekommen, die Maustaste einfach loslassen.

271. Meine persönlichen Favoriten

Nicht jeder weiß sofort, welche Webseiten er besonders häufig besucht. Der Internet Explorer weiß es schon, denn er merkt sich nicht nur die Adressen der angesteuerten Webseiten, sondern zählt die Besuche sogar. Um die Informationen abzufragen, einfach auf *Verlauf* klicken. Anschließend im neu geöffneten Teilfenster unter *Ansicht* die Option *Nach Anzahl der Zugriffe* auswählen.

Wenig später präsentiert der Internet Explorer die aktuellen Top 20 der eigenen Favoriten, die am häufigsten besuchten Webseiten. Die meistbesuchte Seite erscheint oben. Um die genaue Anzahl der Besuche zu erfahren, mit der rechten Maustaste den gewünschten Eintrag anklicken und *Eigenschaften* auswählen.

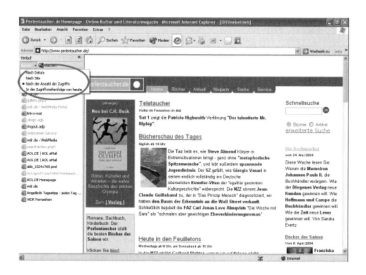

272. Homepage nach Wahl

Welche Webseite unmittelbar nach dem Start des Internet Explorers automatisch angezeigt wird, kann jeder Anwender unter *Extras > Internetoptionen* im Register *Allgemein* festlegen. Manchmal jedoch ignoriert der Explorer diese Vorgaben, vor allem, wenn der Internet Explorer von einer CD installiert wurde.

Durch einen Trick haben die Anbieter der CD dem Internet Explorer beigebracht, immer eine bestimmte Webseite aufzurufen, unabhängig von den eigenen Einstellungen. Das stört natürlich.

Los wird man diese Bevormundung durch Aufrufen der Funktion *Ausführen* im *Start*-Menü. Danach *Regedit* eingeben und nach folgendem Schlüssel in der Registrierdatenbank suchen:

HKEY_CURRENT_USERSoftwarePoliciesMicrosoftInternetExplorerControl Panel

Anschließend den Schlüssel *HomePage* auf *00 00 00 00* setzen – dann lässt sich die Homepage wieder frei wählen.

273. Favoriten im Griff

Gute Webseiten merken sich Benutzer vom Internet Explorer im Ordner *Favoriten*. Doch mit der Zeit wird die Liste der Lieblingsseiten zunehmend länger – worunter die Übersichtlichkeit leidet. Mit Hilfe der Funktion *Favoriten verwalten* im Menü *Favoriten* lassen sich Ordner anlegen und so die Webadressen bequem thematisch gliedern.

Noch einfacher ist es, die Lieblingsseiten im Windows Explorer zu organisieren. Windows speichert als Favoriten gemerkte Webseiten systemintern im Ordner *Favoriten* innerhalb des *Windows*-Verzeichnisses. Bei Windows NT, 2000 und XP lagern die Favoriten im Ordner *Dokumente und Einstellungen* unter dem Namen des jeweiligen Anwenders (bzw. unter *Administrator*, wenn nur ein Anwender den Computer benutzt).

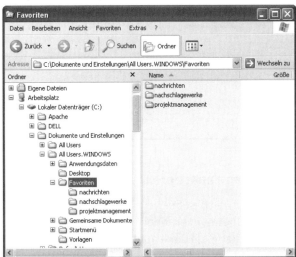

274. Favoriten sortieren

Die Liste mit den Lieblingsseiten im Web heißt im Internet Explorer *Favoriten* und wird mit der Zeit immer länger. Neue Einträge landen automatisch am Ende der Liste. Um die Liste zu reorganisieren, einfach die Funktion *Favoriten verwalten* im Menü *Favoriten* aufrufen.

Danach lässt sich jeder Eintrag bequem innerhalb der Liste verschieben: Den Eintrag anklicken und bei gedrückter Maustaste an die gewünschte Position verschieben. Auf Wunsch sortiert der Internet Explorer aber auch die komplette Liste alphabetisch: Dazu das Menü *Favoriten* öffnen und mit der rechten Maustaste auf eine beliebige Stelle innerhalb des Menüs klicken. Anschließend im neuen Menü die Funktion *Nach Namen sortieren* auswählen.

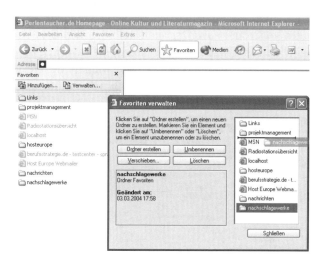

275. Favoriten bequem exportieren

Wer seine Favoriten, also seine bevorzugten Webseiten, auf einen anderen Rechner übernehmen oder vielleicht sogar im Web veröffentlichen möchte, kann die Liste auf Knopfdruck in eine HTML-Datei exportieren. Dazu im Menü *Datei* die Funktion *Importieren und Exportieren* auswählen.

Nach einem Klick auf *Weiter* die Option *Favoriten exportieren* benutzen und bestimmen, welche Favoriten-Ordner exportiert werden sollen. Anschließend erzeugt der Internet Explorer die Datei *bookmark.html*, die sich leicht kopieren oder auf einer Webseite veröffentlichen lässt. Die Links können bequem angeklickt werden.

276. Google im schnellen Zugriff

Die Internet-Suchmaschine Google gehört zu den besten Suchdiensten überhaupt. Meist erscheinen die gewünschten Fundstellen sehr schnell. Wer die Dienste von Google häufig in Anspruch nimmt, kann ein spezielles Suchfeld in den Browser einbauen (nur Internet Explorer). Vorteil: Das erspart das Aufrufen der Google-Homepage – und damit viel Zeit.

Einfach das dazu notwendige Zusatzprogramm unter toolbar.google.com laden und installieren, schon erscheint ein zusätzliches Eingabefeld im Browser. So lassen sich Suchaufträge ohne jede Zeitverzögerung starten: Den Suchbegriff eintippen und auf *Suchen* klicken. Genauso schnell lässt sich Google selbst aufrufen. Der Service ist kostenlos.

277. Neue Google-Toolbar

Wer ohnehin am liebsten den Suchdienst Google befragt, kann durch Installieren der neuen kostenlosen Google Toolbar 2.0 eine Menge Zeit sparen. Das kleine Programm ist auf der Homepage von Google unter www.google.de zu bekommen. Dazu auf *Google Toolbar* klicken und die Mini-Software herunterladen.

Die Toolbar erscheint gleich unterhalb der Adressleiste des Internet Explorers und bietet so direkten Zugang zu den wichtigsten Funktionen der Suchmaschine. Einfach den Suchbegriff eingeben und auf *Web-Suche* klicken. Außerdem erlaubt die Toolbar nicht nur komfortable Recherchen, sondern macht dank eines integrierten Pop-up-Blockers auch das Surfen angenehmer. Unerwünschte Pop-up-Fenster werden unterdrückt.

278. Gesamten Bildschirm ausnutzen

Menüleiste, Linkleiste, Bedienleiste – beim Surfen geht viel Platz für die Bedienelemente des Internet Explorers verloren. Alle Elemente lassen sich bei Bedarf über das Menü *Ansicht › Symbolleisten* einzeln ab- und auch wieder einschalten. Ganz schön lästig, wenn nur kurz der gesamte Bildschirm ausgenutzt werden soll. Viel bequemer ist es da, während des Betrachtens einer Webseite auf die Taste [F11] zu drücken.

Internet Explorer und Opera lassen dann alles verschwinden, was gerade nicht gebraucht wird - und präsentiert die Webseiten nahezu im Vollbild. Die wichtigsten Kontrolltasten des Browsers stehen in Form von Minitasten weiter zur Verfügung. Ein weiterer Tastendruck auf [F11] holt die alte Darstellung wieder zurück.

279. Es geht auch sanft: Flüssiger rollen

Immer mehr Mäuse verfügen über ein praktisches Rollrad zwischen den beiden Maustasten. Mit dem Rollrad lassen sich Fensterinhalte komfortabel nach oben oder unten rollen. Allerdings reagiert der Internet Explorer mitunter etwas träge auf ein Rollen am Rad. Um den lästigen Effekt zu beseitigen, im Internet Explorer das Menü *Extras* öffnen und dort die Funktion *Internetoptionen* auswählen.

Anschließend die Registerkarte *Erweitert* anklicken und im Abschnitt *Multimedia* die Option *Optimierten Bildverlauf verwenden* deaktivieren. Nach Beenden und Neustart des Internet Explorers sollte die Anzeige beim Betätigen des Mausrads nun deutlich flüssiger rollen und nicht mehr haken.

280. Bilder aus Webseiten speichern

Wer beim Surfen im World Wide Web auf Bilder oder Grafiken stößt, die ihm gut gefallen, kann sie jederzeit auf Festplatte speichern. Dazu einfach im Browser mit der rechten Maustaste auf die gewünschte Grafik klicken. Danach öffnet sich das so genannte Kontextmenü. Im Internet Explorer dann die Funktion *Bild speichern* unter auswählen, in Netscape die Funktion *Grafik speichern*.

Beide Browser schlagen denselben Dateinamen vor wie in der Webseite verwendet. Moderne Versionen des Internet Explorers erlauben darüber hinaus auch das Versenden der ausgewählten Grafik per E-Mail. Dazu einfach im Kontextmenü die Option *Bild senden* anklicken. Aber bei der Weiterverwendung der Grafiken bitte in jedem Fall die Urheberrechte berücksichtigen. Urheberrechtlich geschützte Fotos oder Grafiken dürfen zum Privatgebrauch auf der eigenen Festplatte gespeichert, nicht aber weiterverwendet werden, etwa auf der eigenen Homepage.

281. Link im neuen Fenster

Ein Mausklick auf einen Querverweis, schon holt der Browser die gewünschte Webseite aus dem Netz und präsentiert sie auf dem Bildschirm. Dabei wird der aktuelle Fensterinhalt normalerweise ersetzt. Es sei denn, der Programmierer der Webseite hat ausdrücklich das Öffnen eines neuen Fensters vorgesehen.

Wer selbst dafür sorgen möchte, dass ein Link in einem separaten Fenster erscheint, klickt den gewünschten Link mit der rechten Maustaste an und wählt anschließend die Funktion *In einem neuen Fenster öffnen* aus. Noch schneller geht es so: Beim Internet Explorer beim Anklicken mit der linken Maustaste gleichzeitig die Taste [Shift] drücken, bei Netscape bringt [Strg] denselben Erfolg.

282. Nicht ohne mein Java

Früher war der Internet Explorer serienmäßig mit der *Java Virtual Machine* ausgerüstet, seit einiger Zeit allerdings nicht mehr. Die Folge: Wer in der Programmiersprache Java entwickelte Programme ausführen möchte, etwa Software fürs Onlinebanking oder verschiedene Spiele im Internet, muss zuvor Java auf seinem Rechner einrichten.

Java gibt es kostenlos auf der Homepage von Microsoft (www.microsoft.de) und bei Sun (java.sun.com). Ob und welches Java auf dem eigenen PC installiert ist, lässt sich bequem ermitteln: Einfach im *Start*-Menü die Funktion *Ausführen* aufrufen und dort *Command* eingeben. Anschließend den Befehl *Jview* eintasten. Erscheint eine Fehlermeldung, ist kein Java installiert.

283. Vielfalt durch Java

Manche Webseiten enthalten kleine Programme (Applets), die unter anderem Eingaben abwickeln, etwa beim Homebanking. Bis vor einiger Zeit konnten alle Browser solche Java-Programme ausführen. Seit Windows XP verzichtet Microsoft allerdings darauf, Java in den Internet Explorer einzubauen.

Die Folge: Java-Programme laufen nicht. Stattdessen erscheint ein Hinweis im Fenster. Das kann auch nach einem Aufrüsten auf Internet Explorer 6.0 passieren. Wer trotzdem Java-Programme benutzen möchte, muss von der Homepage von Microsoft unter www.microsoft.de die *Virtual Java Machine* nachladen. Oder unter java.sun.com das offizielle Java laden und installieren. Netscape 7 oder Opera bringen Java serienmäßig mit.

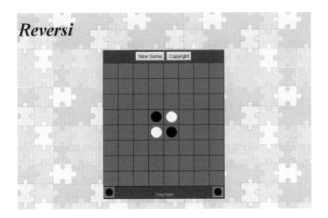

284. Schluss mit Pop-up-Fenstern

Laut den Marktforschern bei Nielsen Netrating wurden allein im Jahr 2003 rund 13,4 Milliarden Pop-up-Fenster auf die Bildschirme der Datensurfer gemogelt. In aller Regel mit bunter Reklame, die unverlangt zusammen mit der eigentlichen Webseite angezeigt wird.

Während der Internet Explorer (bislang) keine geeignete Möglichkeit anbietet, solche Pop-ups zu unterbinden, sieht das bei alternativen Browsern wie Opera (www.operasoftware.com) oder Mozilla (www.mozilla.org) ganz anders aus. Hier reicht ein einfacher Mausklick in der entsprechenden Optionseinstellung – und Pop-up-Fenster mit lästiger Werbung gehören der Vergangenheit an. Opera und Mozilla sind kostenlos erhältlich.

285. Mehrere Webseiten gleichzeitig

Wer mit dem Internet Explorer mehrere Webseiten gleichzeitig beobachten möchte, wird quasi zwangsweise zum Fenster-Jongleur. Denn anders als andere Browser öffnet der Internet Explorer für jede Webseite ein separates Fenster. Manchmal ist das praktisch, manchmal aber auch einfach unpraktisch. Mit der kostenlosen Software-Erweiterung *Avant Browser* hat die Unübersichtlichkeit ein Ende: Der Explorer richtet dann für jede Webseite ein eigenes Icon ein.

So kann man bequem zwischen den verschiedenen Webseiten wechseln, immer im selben Fenster (Fachbegriff: Tabbed Browsing). *Avant Browser* gibt es kostenlos in einschlägigen Download-Bereichen, etwa unter download.t-online.de.

286. Alternativen zum Explorer

Der Internet Explorer ist zwar unangefochtener Marktführer – aber nicht jeder fühlt sich beim Surfen mit Microsofts Browser-Software wohl. Denn bekanntlich hat der Internet Explorer reichlich Sicherheitslücken, die auch nicht immer sofort gestopft werden. Eine besonders attraktive Alternative zum weit verbreiteten Standard: die kostenlos erhältliche Software Firebird.

Der *Feuervogel* ist ein besonders schlanker Browser, der wenig Speicherplatz beansprucht und zudem auch noch besonders schnell arbeitet. Schneller als mit dem unter www.sogehtsleichter.de/firefox für Windows, Linux und Mac OS X erhältlichen Browser lassen sich Webseiten kaum ansteuern. E-Mail und andere Extras gibt es in Firebird nicht.

287. Mausgesten erleichtern Arbeit

Manchmal müssen Internetbenutzer mit der Maus unnötig lange Strecken zurücklegen. Etwa dann, wenn erst im Fenster gescrollt und dann eine ältere Webseite angezeigt werden soll. Mit der kostenlosen Software *Avant Browser* lassen sich so genannte *Mausgesten* für den Internet Explorer vereinbaren.

Um im Web eine Seite zurückzublättern, betätigt der Benutzer dann zunächst die rechte Maustaste und hält sie gedrückt. Ein Klick auf die linke Maustaste blättert dann eine Seite zurück. Mit der umgekehrten Tastenkombination lässt sich genauso bequem vorwärtsblättern. Wesentlich mehr Gesten als die unter www.avantbrowser.com erhältliche Erweiterung bietet der Browser Opera (www.opera.com).

288. Sicherheitslücken schließen

Seitdem Microsoft sich dem *Trustworthy Computing* verschrieben hat, werden noch mehr Sicherheitslücken in Windows und wichtigen Anwendungen wie Internet Explorer oder Outlook bekannt als früher. Positiv: Die Entwickler stopfen viele der Sicherheitslecks rascher als bislang.

Deshalb sollte jeder Windows-Benutzer regelmäßig, zumindest aber einmal die Woche nach sicherheitsrelevanten Updates forschen. Das geht ganz einfach und bequem über die Funktion *Windows Update* im Menü *Extras*. Sicherheitsrelevante Ergänzungen (Patches) werden zuerst genannt. Sie sollten auf jeden Fall geladen und installiert werden, um den eigenen Rechner besser zu schützen.

289. Internet Explorer reparieren

Vor allem unter den älteren Windows-Versionen 98 und ME machen neue Ausgaben des Internet Explorers schon mal Schwierigkeiten. Oft erscheinen unerklärliche Fehlermeldungen. In solchen Situationen kann es helfen, eine automatische Reparierfunktion des Internet Explorers zu bemühen.

Dazu in der Systemsteuerung doppelt auf *Software* klicken und in der oft langen Liste den Eintrag für den Internet Explorer suchen. Nach einem Klick auf *Hinzufügen/Entfernen* erscheint die Funktion *Internet Explorer reparieren*. Nun muss nur noch eine Sicherheitsabfrage bestätigt werden, anschließend repariert Windows den Internet Explorer auf der Festplatte. Danach sollte das Fehlverhalten ein Ende haben.

290. Sicherheitslücken im Explorer stopfen

Es vergeht kaum eine Woche, in der nicht neue Sicherheitslücken im Internet Explorer bekannt werden. Manche weniger dramatisch, andere können durchaus sehr folgenreich sein. So ermöglicht zum Beispiel ein Fehler, den Fachleute als *URL Spoofing* bezeichnen, dass Fremde den Besucher einer Webseite entführen. Ohne es zu merken, befindet sich der Datensurfer auf einer unsicheren Webseite, gibt aber womöglich sensible Daten ein.

Deshalb sollten solche Sicherheitslücken so schnell wie möglich geschlossen werden.

Microsoft hat einen so genannten *Patch* (wörtlich: *Stopfen*, eine Programmaktualisierung, die bekannte Probleme behebt) veröffentlicht.

Es wird dringend empfohlen, dieses Update sofort zu laden und auf dem eigenen Rechner zu installieren. Dazu die kostenlose Erweiterung auf der Homepage von Microsoft (support.microsoft.com/defa ult.aspx?scid=kb;de;834489) abholen und einrichten. Der Rest erfolgt automatisch. Wer nicht mit dem Internet Explorer surft, sondern mit einem anderen Browser, braucht das Sicherheitspaket nicht zu laden.

291. Bitte ohne Debugger

Wenn der Internet Explorer nach dem Anwählen einer Webseite auf einen Fehler stößt, erscheint gewöhnlich ein Warnhinweis auf dem Bildschirm: *Es ist ein Laufzeitfehler aufgetreten. Soll der Debugmodus gestartet werden?* Schuld ist ein Fehler in einer JavaScript-Anweisung auf der Webseite. Wer die Frage mit *Ja* beantwortet, bekommt zwar jede Menge zusätzlicher Informationen angezeigt, doch die sind eigentlich nur für den Entwickler der betreffenden Webseite interessant.

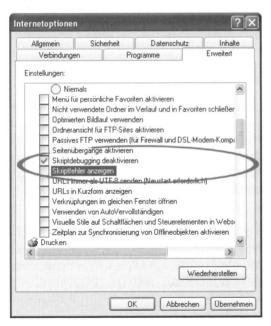

Deshalb empfiehlt es sich, diese lästige Nachfrage im Internet Explorer abzuschalten. Dazu im Menü *Extras* die Funktion *Internetoptionen* auswählen und auf das Register *Erweitert* klicken. Anschließend die Option *Skriptdebugging deaktivieren* einschalten und dafür die Option *Skriptfehler anzeigen* abschalten.

292. Umlaute korrekt anzeigen

Nicht jeder benutzt gern den in der Regel serienmäßig eingerichteten Internet Explorer: Immer mehr Computerbenutzer installieren Alternativen wie Netscape, Mozilla oder den äußerst schnellen, da besonders schlanken Browser Firebird. Allesamt kostenlos unter www.mozilla.org zu bekommen.

Das Problem: Mitunter zeigen diese Browser Webseiten mit deutschsprachigen Inhalten nicht korrekt an. Wo Sonderzeichen stehen, erscheinen Fragezeichen. Das liegt dann an der voreingestellten Kodierung. Um das zu korrigieren, im Menü *Bearbeiten* des Browsers auf *Einstellungen* klicken und anschließend im Menüfeld *Navigator* den Eintrag Sprachen auswählen. Dort die Einstellung *Western ISO-8859-1* aktivieren.

293. Umlaute-Domains mit IE

Über 90 Prozent aller Internetbenutzer setzen den Internet-Browser von Microsoft ein. Doch ausgerechnet der mit Abstand populärste Browser kümmert sich nicht um die seit dem 1. März 2004 gültigen internationalen Domainnamen mit Umlauten und anderen Sonderzeichen. Wer eine Webseite mit Umlaut im Namen aufrufen will, schaut mit dem Internet Explorer in die Röhre.

Microsoft hat es nicht zustande gebracht, seinen Browser rechtzeitig an den neuen Standard anzupassen. Wer dem Internet Explorer die neuen Regeln beibringen will, muss eine Erweiterung laden und installieren, die allerdings nicht von Microsoft selbst kommt. Unter www.sogehtsleichter.de/umlaute steht das Plug-In kostenlos zur Verfügung. Das kleine Programm installiert sich vollkommen automatisch.

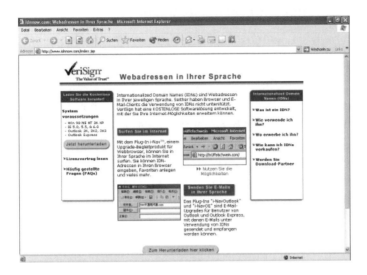

294. Windows-Media-Player im Fenster

Microsoft hat Windows, Internet Explorer und Media Player eng miteinander verzahnt. Auch wenn das in der Regel mehr Bedienkomfort bedeutet: Manchmal erweist sich die enge Zusammenarbeit als unpraktisch. Etwa dann, wenn Computerbenutzer beim Surfen im World Wide Web ein Multimediaangebot anklicken. Wer einmal das Angebot des Media-Players akzeptiert, Videos und Musik im Fenster des Internet Explorers abzuspielen, hat später keine Kontrolle mehr darüber. Der Media-Player übernimmt diese Aufgabe dann grundsätzlich.

Doch genau das ist mitunter unerwünscht. Denn manchmal soll eine Mediendatei gespeichert oder in einem Fenster abgespielt werden. Um dem Media-Player die Automatik wieder abzugewöhnen, im Internet Explorer im Menü *Ansicht* auf *Explorer-Leiste* klicken und dort *Medien* auswählen. Im Menü *Medienoptionen* lässt sich im Bereich *Einstellungen* die Option *Bevorzugte Typen zurücksetzen* benutzen. Der Media-Player startet dann nicht mehr automatisch, wenn beim Surfen Musik oder ein Video angeklickt wird.

295. Indiskretion Autovervollständigen

Die Funktion *Autovervollständigen* des Internet Explorers hat durchaus ihre Vorteile: Einmal ausgefüllte Eingabefelder in Webseiten oder im Adressfeld des Browsers werden automatisch mit Vorschlägen bestückt, wenn dieselben Daten später erneut eingegeben werden. Meist reichen dann ein, zwei Tastendrücke, schon präsentiert der Internet Explorer eine Auswahl an wahrscheinlichen Möglichkeiten.

Während das bei der täglichen Arbeit durchaus praktisch sein kann, ist dies gleichzeitig eine unerwünschte Indiskretion, wenn auch andere an dem PC arbeiten. Deshalb besteht die Möglichkeit, die Funktion nach eigenen Bedürfnissen einzustellen. Dazu im Internet Explorer unter *Extras* die Funktion *Optionen* auswählen. Anschließend im Bereich *Inhalte* auf *Autovervollständigen* klicken. Dort lässt sich einstellen, in welchen Bereichen die Funktion zur Verfügung stehen soll und ob sich der Explorer auch Kennwörter merken soll (oder nur bei Nachfrage). Wer auf Nummer Sicher gehen will, deaktiviert alle Optionen.

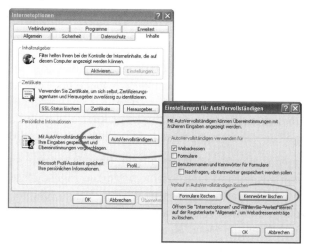

KAPITEL 8:

ELEKTRONISCHE POST: E-MAIL

Wer heute keine E-Mail-Adresse auf seiner Visitenkarte stehen hat und nicht wenigstens zwei „Accounts" sein Eigen nennt – eine Adresse für geschäftliche Kontakte und eine für private Angelegenheiten –, gehört einfach nicht mehr dazu. E-Mail ist heutzutage vollkommen selbstverständlich, mindestens so wichtig wie Telefon und Handy, auf jeden Fall aber wichtiger als Fax und Postfach.

Fast könnte man den Eindruck gewinnen, das wäre schon immer so gewesen. Doch mitnichten. Zwar gibt es die E-Mail an sich schon über 30 Jahre (die erste elektronische Nachricht wurde im Herbst 1971 auf den Weg gebracht), doch erst Ende der 90er Jahre hat sich diese Form der Kommunikation zu einem Massenphänomen entwickelt. Heute ist E-Mail für viele der wichtigste Grund, „ins Internet zu gehen".

Nachdem sich die Begeisterung der raschen und unproblematischen Kontaktaufnahme gelegt hat, werden allerdings auch schnell ein paar Nachteile deutlich. Alles scheint wichtig und vor allem dringend zu sein. Fast schon Irrsinn, dass eine E-Mail noch als „Wichtig" gekennzeichnet werden kann. Ruhiger und gelassener ist die Welt durch die E-Mail ganz sicher nicht geworden, vor allem die Bürowelt nicht.

Die E-Mail bringt aber auch Probleme. Und zwar im wahrsten Sinne des Wortes. Die meisten Viren, Würmer, Trojaner und anderen virtuellen Schädlinge verstecken sich in E-Mails. Sie entern den Computer des Benutzers, nachdem der unbedacht auf eine E-Mail klickt oder gar den Anhang anschaut. Computerbenutzer müssen heute vorsichtig sein, dürfen nicht jede eingehende Nachricht öffnen.

Doch das vielleicht größte Ärgernis ist Spam – per E-Mail verschickte Reklamemassensendungen, die den Briefkasten verstopfen. Dagegen scheint kein Kraut gewachsen zu sein. Ein Grund, wieso viele ihre E-Mail-Adresse nur noch sehr zögerlich herausgeben. Was eigentlich nicht im Sinne der Erfindung ist.

296. Geplante Indiskretion: Blinde Kopien

Das Praktische an E-Mails: Sie lassen sich auf Knopfdruck an mehrere Leute gleichzeitig verschicken. Doch nicht immer sollen die Empfänger wissen, wer alles eine Kopie bekommt. Wenn das gewollt ist, sollte nicht das Feld CC ausgefüllt werden (Carbon Copy), sondern das Feld *BCC* (Blind Carbon Copy).

Die *blinde* Empfänger bekommt eine Kopie der E-Mail, ohne dass die anderen Empfänger davon etwas merken. Allerdings ist das Adressfeld bei Outlook nicht standardmäßig vorhanden. In einer neuen E-Mail wird das Feld über die Funktion *Ansicht > BCC-Feld* aktiviert. AOL-Benutzer müssen zu einem Trick greifen: Da es kein BCC-Feld gibt, müssen sie die E-Mail-Adressen der Empfänger in Klammern setzen, das hat denselben Effekt wie das Adressfeld BCC in Outlook.

297. Richtig zitieren in E-Mails

Das Praktische an E-Mails ist, dass auf Fragen bequem geantwortet werden kann. Einfach auf *Antworten* klicken – schon erscheint ein Fenster für die Antwortpost. Praktisch: Die meisten E-Mail-Programme fügen bei Antworten automatisch die Original-Mail mit an, damit der Empfänger auch weiß, worum es eigentlich geht. Dabei sollten allerdings ein paar Regeln beachtet werden: Outlook ist so einzustellen, dass vor jeder Zitatzeile ein > steht.

Das ist üblich und erleichtert die Unterscheidung von Original und Antwort (vor allem wenn Mails mehrmals hin- und hergesendet werden). Wie Outlook zitiert, lässt sich in den Optionen einstellen. Außerdem: Alles, was überflüssig ist, unbedingt löschen. Damit aus mehrmals hin- und hergeschickten Briefen keine Bandwürmer werden. Wird etwas kommentiert, den Kommentar unmittelbar unter dem Zitat platzieren.

298. Antwort auf die Antwort

Wird im E-Mail-Programm auf *Antworten* geklickt, stellt das E-Mail-Programm der Betreffzeile gewöhnlich automatisch ein *AW:* (Antwort) oder Re: (für Replay) voran. So soll jeder gleich erkennen, dass es sich um eine Antwort handelt. Das Problem: Bei regem Briefwechsel wird die Betreffzeile mit der Zeit immer länger und so zunehmend unleserlich. Vor allem, wenn sich deutsche und US-Abkürzung abwechseln *(AW: Re: AW: Re: Brief)*.

Doch so etwas lässt sich verhindern. Benutzer von Outlook können im Menü *Extras › Optionen* unter *E-Mail-Format* auf *Internationale Optionen* klicken und dort festlegen, ob die *Nachrichtenkennzeichnungen in Englisch* erfolgen sollen. Hier kann von *Aw:* auf *Re:* gewechselt werden – und umgekehrt. In Outlook Express verbirgt sich die Option unter *Extras › Optionen › Internationale Einstellungen*.

299. Mehrere Anhänge gleichzeitig

Wenn eine E-Mail mit mehreren Dateianhängen (Attachments) im elektronischen Postfach eintrudelt, muss nicht jeder Dateianhang separat gespeichert werden. Falls es gewünscht ist, kann Outlook auch alle Dateianhänge gleichzeitig auf Festplatte speichern. Dazu einfach die Funktion *Anlagen speichern* im Menü *Datei auswählen*.

Hier ist nicht nur jede einzelne in der E-Mail enthaltene Datei aufgeführt, es gibt auch die Option *Alle Anlagen*. Wird diese Option gewählt, müssen nur noch Laufwerk und Ordner bestimmt werden, wo Outlook die Dateien ablegen soll. Outlook verwendet beim Speichern automatisch dieselben Dateinamen wie im Anhang. Wer andere Dateinamen benutzen möchte, muss die Dateien dann doch einzeln sichern.

300. E-Mail ohne Name

Manche sehen es als Vorteil, andere empfinden es als eher unpassend: Outlook und Outlook Express verraten in jeder verschickten E-Mail neben der E-Mail-Adresse auch den Namen des Absenders. Wen das stört, muss die Einstellungen für das E-Mail-Konto ändern.

Dazu im Menü *Extras* die Option *E-Mail-Konten* und dort *Vorhandene E-Mail-Konten* anzeigen auswählen.

Danach das gewünschte Konto bestimmen und im Eingabefeld *Ihr Name* den Namen streichen oder abkürzen, je nach Bedarf. Wer mal mit, mal ohne eigenen Namen E-Mails verschicken möchte, legt am besten ein zweites E-Mail-Konto an. Beim Abschicken der E-Mail lässt sich dann jeweils festlegen, über welches Konto die elektronische Nachricht verschickt werden soll.

301. Serien-E-Mails verschicken

Manche Nachricht soll mehrere Empfänger erreichen, aber trotzdem individuell formuliert werden. Für Outlook und Word im Team kein Problem. Dazu im Outlook-Kontaktordner bei gedrückter [Strg]-Taste die gewünschten Empfänger markieren. Anschließend im Menü *Extras* die Funktion *Seriendruck* aktivieren.

Dadurch startet Word automatisch im Seriendruck-Modus. Über die zusätzliche Menüleiste lassen sich gezielt die Felder aus dem Outlook-Kontaktordner benutzen, etwa Anrede, Name oder Adresse. Durch einen Klick auf den *ABC*-Button lässt sich eine Vorschau des Serienversands ansehen. Wenn alles stimmt, den Button *Seriendruckergebnis als E-Mail* ausgeben benutzen, schon wird die individualisierte Rundmail verschickt.

302. Button für E-Mail-Empfänger

Wer immer wieder einer bestimmten Person E-Mails schreibt, muss bei jeder neuen E-Mail die Adresse eintippen. Auch wenn manche E-Mail-Programme beim Ausfüllen behilflich sind und häufig benutzte Adressen erkennen: Es lässt sich eine Menge Tipparbeit sparen. Denn Outlook erlaubt es, für solche Fälle ein spezielles Icon in der Symbolleiste einzurichten.

Dazu im Menü *Extras* die Option *Anpassen* auswählen. Anschließend auf *Befehle* klicken und *Datei* auswählen. Bei gedrückter Maustaste im rechten Auswahlbereich *E-Mail-Nachricht* anklicken und auf die

Symbolleiste in Outlook ziehen. Danach an der gewünschten Stelle wieder loslassen. Mit der rechten Maustaste anklicken und unter *Hyperlink bearbeiten* die Option *Öffnen* benutzen. Hier noch mal auf *E-Mail* klicken und die E-Mail-Adresse eingeben. Anschließend reicht es, kurz auf das Symbol zu klicken, schon erscheint ein E-Mail-Fenster.

303. Zeilenumbrüche nicht entfernen

Eigentlich meint es Outlook nur gut: Unnötig erscheinende Zeilenumbrüche in einer E-Mail entfernt das Programm oft automatisch – und verändert so das vom Absender vorgesehene Layout.

Immerhin erscheint oberhalb der E-Mail-Nachricht ein entsprechender Hinweis. Ein Klick darauf, und Outlook präsentiert die E-Mail in der ursprünglichen Ansicht, mit allen Zeilenumbrüchen. Wer sich von Outlook nicht bevormunden lassen möchte, kann den Service auch zentral abschalten. Dazu im Menü *Extras* die Funktion *Optionen* wählen, danach *Einstellungen*. Anschließend auf *E-Mail-Optionen* klicken und die Option *Zusätzliche Zeilenumbrüche in Nur-Text-Nachrichten entfernen* deaktivieren.

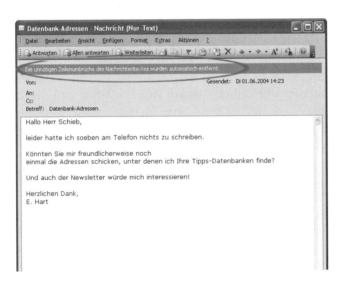

304. Antworten an anderes Postfach

Wenn der Empfänger einer E-Mail auf *Antworten* klickt, landet die Replik gewöhnlich postwendend im Posteingang des Absenders. Das ist normalerweise auch sinnvoll so. Doch manchmal ist genau das nicht erwünscht. Wer zum Beispiel möchte, dass der Empfänger zwar die korrekte Absenderkennung sieht, eventuelle Antworten aber ohne Umwege bei einem Mitarbeiter landen, verwendet am besten die *Reply-to*-Funktion des E-Mail-Verkehrs.

In diesem Fall sind Absender und Antwortempfänger zwei unterschiedliche Personen. Dazu klicken Outlook-Benutzer nach dem Formulieren der E-Mail auf *Optionen* und aktivieren im Bereich *Übermittlungsoptionen* die Option *Antworten senden* an. Gleich daneben lässt sich die E-Mail-Adresse des Mitarbeiters eintragen, der eventuelle Antworten erhalten soll.

305. E-Mails später verschicken

Auch im elektronischen Postverkehr gibt es Terminsachen: Nicht jede E-Mail soll unmittelbar nach der Eingabe verschickt und dem Empfänger zugestellt werden. Deshalb bietet Outlook ab Version 2000 eine praktische Funktion zum zeitversetzten Senden von E-Mails an.

Die Handhabung ist recht einfach: Wie gewohnt die gewünschte E-Mail schreiben. Allerdings vor dem Versenden der Nachricht die Funktion *Optionen* im Menü *Ansicht* auswählen. Im Eingabebereich *Übermittlung verzögern bis* lassen sich ein Datum und eine Uhrzeit festlegen. Die E-Mail bleibt so lange im Postausgang liegen, bis dieser Zeitpunkt erreicht ist. Erst danach bringt Outlook die elektronische Nachricht auf den Weg.

306. Zwei E-Mail-Briefkästen

Wer mit zwei Rechnern seine E-Mails abruft, etwa zu Hause und am Arbeitsplatz, stellt schnell fest: Neu eintreffende E-Mails landen immer nur auf einem PC. Sollen beide Rechner alle E-Mails anzeigen, darf die verwendete E-Mail-Software die elektronischen Nachrichten nach dem Abholen auf dem Server nicht löschen. Das lässt sich in jedem E-Mail-Programm einstellen.

In Outlook dazu im Menü *Extras* die Funktion *E-Mail-Konten* benutzen. Anschließend das gewünschte Konto auswählen und auf *Weitere Einstellungen* klicken, dann auf *Erweitert*. Nun die Option *Kopie aller Nachrichten auf dem Server belassen* aktivieren und mit OK bestätigen. Hier lässt sich auch einstellen, wie lange die E-Mails vorgehalten werden sollen.

307. Mehrere E-Mail weiterleiten

Eine einzelne E-Mail weiterzuleiten ist denkbar einfach: Mit der Maus die betreffende Nachricht markieren, auf *Weiterleiten* klicken und die Adresse des Empfängers eingeben. Fertig. Sollen mehrere E-Mails weitergereicht werden, hilft ein Trick, um diesen Vorgang nicht entsprechend oft wiederholen zu müssen: Einfach im Posteingang die weiterzuleitenden E-Mails markieren.

Dazu die gewünschten E-Mails bei gedrückter [Strg]-Taste anklicken, auf diese Weise lassen sich mehrere Nachrichten markieren. Sobald alle Nachrichten markiert sind, auf *Weiterleiten* klicken und den Empfänger angeben. Outlook verschickt dann eine E-Mail, die alle zuvor markierten E-Mails als Dateianhänge enthält.

308. Vorsicht mit Spitznamen in E-Mails

E-Mail-Adressen von Freunden, Kollegen und Geschäftspartnern, mit denen man regelmäßig elektronische Nachrichten austauscht, gehören bei Outlook in den Kontaktordner. Aber Vorsicht: Outlook ist indiskret. Wenn Microsofts virtueller Postbote eine E-Mail-Adresse aus dem Adresspool verwendet, übernimmt das Programm auch den gespeicherten Namen.

Was peinlich werden kann, wenn nicht der richtige Name, sondern ein Spitzname (Chef oder Michael „Redet-viel" Müller) im Kontaktordner gespeichert wurde. Outlook XP setzt den Namen sogar dann automatisch ein, wenn der Benutzer eine E-Mail-Adresse eintippt, die

in der Kontakt-Datenbank steht. Bemerkungen oder Spitznamen gehören deshalb ins Eingabefeld *Bemerkungen*, aber ganz sicher nicht
ins Namensfeld.

309. Am Spitznamen erkannt

Wer eine E-Mail schreibt, muss nicht unbedingt die E-Mail-Adresse
des Empfängers kennen. Es reicht, wenn Outlook sie kennt. Voraussetzung ist ein gut gepflegtes Adressbuch. Denn wenn Name und
E-Mail-Adresse eines Empfängers bekannt sind, reicht bei Outlook
schon die Eingabe des Nachnamens. Das Postprogramm setzt dann
automatisch die E-Mail-Kennung ein.

Kommen mehrere Empfänger in Frage, kann der Benutzer komfor-
tabel auswählen, welche E-Mail-Adresse eingetragen werden soll.
Praktisch vor allem, wenn die Empfänger einen unverwechselbaren
Spitznamen besitzen. Der sollte unbedingt mit in die Kontaktdaten-
bank auch eingetragen werden. Zum Beispiel *Johannes 'Hennes'
Meier*. Dann findet Outlook den passenden Eintrag garantiert.

310. Keine Pakete, bitte!

Wer unterwegs mit seinem Notebook E-Mails empfängt, hat meistens
weder Lust noch Zeit, voluminöse Dateien in Empfang zu nehmen. Vor
allem bei einer mobilen Verbindung können Dateianhänge mit mehr
als 100 Kilobyte (so genannte *Mailbomben*) ganz schön nerven. Doch
das muss nicht sein: In Outlook Express das Menü *Extras › Regeln ›
E-Mails* auswählen. Dann die Bedingung *Nachricht ist größer als ...*
auswählen. Als Wert am besten 100 Kilobyte eintragen. Als Aktion
Nicht vom Server downloaden auswählen.

Bei Outlook die Funktion *Extras › Optionen auswählen*, dann auf *E-
Mail-Übertragung* klicken, die Option *Keine Nachricht größer als* aktivieren und die Dateigröße angeben. So ist sichergestellt, dass große
E-Mails im elektronischen Postfach bleiben. Im Büro wird die E-Mail
dann geladen. Es geht also nichts verloren.

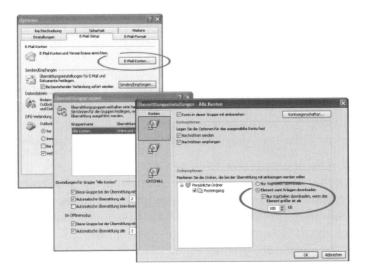

311. Mehr Ordnung im Posteingang

Der Posteingangskorb quillt mal wieder förmlich über. Also muss ein Ablagesystem her, wie im Büro. Zum Glück sind die E-Mail-Programme dabei heute behilflich: Per Mausklick lassen sich für jeden Zweck Eingangskörbe anlegen und entsprechend beschriften. Doch das manuelle Verschieben der E-Mails nimmt viel zu viel Zeit in Anspruch. Effektiver ist es, wenn das E-Mail-Programm die Post direkt beim Empfang sortiert.

Diese Aufgabe übernimmt bei Outlook Express der *Regelassistent*. Hier lassen sich zahlreiche Sortierregeln bestimmen. Alle E-Mails aus der Firma landen im Ordner *Büro*, die E-Mails von der Familie im Ordner *Privat*. E-Mails mit dem Wörtchen *Werbung* im Betreff landen automatisch ungelesen im virtuellen Papierkorb – da wo sie auch hingehören. Sind einmal unter *Extras › Regelassistent* die Regeln festgelegt, wird sich Outlook immer danach richten.

312. Unterschreiben Sie Ihre E-Mail

Wer viele E-Mails verschickt, muss auch häufig seinen Namen mit Telefonnummer, Adresse, Faxnummer etc. eintippen - eine lästige Prozedur, die über die so genannte *Signatur* automatisiert werden kann. Die Signatur ist ein kurzer Text, den das E-Mail-Programm automatisch an jede Mail anhängt. Für die Gestaltung gibt es keine Vorschriften. Sie sollte alle Informationen enthalten, aber nicht länger als fünf Zeilen sein, damit kurze E-Mails nicht zu überladen wirken.

Für verschiedene Mailarten lassen sich im Voraus unterschiedliche Signaturen festlegen, die dann je nach Empfänger ausgewählt werden können. Um eine Signatur einzurichten, in Outlook Express das Menü *Extras > Optionen* aufrufen und auf *Signaturen* klicken. Bei Outlook ebenfalls *Extras > Optionen* auswählen, dann auf *E-Mail-Format* klicken und die Signatur festlegen.

313. Digitale Unterschrift für E-Mails

Outlook und Outlook Express bieten einen praktischen Service: Wer seine elektronische Post gern auch elektronisch unterschreiben möchte, richtet eine so genannte Signatur ein. Die entsprechenden Funktionen verbergen sich je nach Softwareversion im Menü *Extras > Optionen*. Wer nicht nur eine Signatur einrichtet, sondern gleich mehrere, kann bei jeder E-Mail individuell entscheiden, wie unterschrieben werden soll.

Sobald mehr als eine Signatur vorliegt, bietet Outlook die Funktion *Einfügen > Signatur* an. Dort stehen dann die verschiedenen virtuellen Unterschriften zur Auswahl. So lässt sich bequem entscheiden, ob eine E-Mail eher privat oder offiziell abgeschlossen werden soll.

314. Die elektronische Visitenkarte

Die meisten Computerbenutzer verwalten Adressen bereits elektronisch, etwa mit einem Programm wie Outlook. Wie praktisch wäre es da, könnte man die Daten eines E-Mail-Senders direkt in das eigene virtuelle Adressbuch einfügen, ohne sie umständlich aus der Mail abtippen zu müssen. Das geht – wenn der Absender seine elektronische *Visitenkarte* mitschickt. Das ist eine Datei in einem universellen Format, die alle wichtigen Informationen enthält.

Um sie mitzuverschicken, bei Outlook Express im Menü *Extras > Optionen* das Register *Erstellen* auswählen. Im Feld *Visitenkarte* festlegen, welche Adresskarte mit der E-Mail verschickt werden soll. In Outlook *Extras > Optionen* auswählen, dann auf *E-Mail-Format* klicken, dann auf *Signaturauswahl* und schließlich auf *Bearbeiten*. Voraussetzung: Der Computer muss sich selbst ins Adressbuch eintragen, damit das klappen kann.

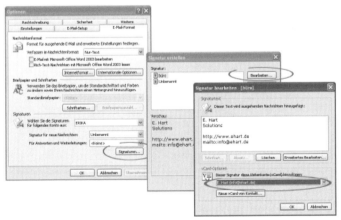

315. Mail mit persönlicher Note

Die meisten E-Mails kommen ziemlich unpersönlich daher. Sie sind kaum oder gar nicht formatiert, als Bleiwüste gestaltet und auch sonst völlig schmucklos. Manchmal jedoch landen toll gestaltete E-Mails im Briefkasten, aufwendig mit Grafiken verziert und mit unterschiedlichen Schriftarten. Schick!

Was viele nicht wissen: Jeder kann seine E-Mails persönlicher gestalten. Dazu muss lediglich im E-Mail-Programm das Format *HTML* ausgewählt werden – anstelle des sonst üblichen *Nur Text*. Einfach bei Outlook Express das Menü *Extras > Optionen* auswählen und im Register *Senden* im Feld *Nachrichten Senden Format* das Format *HTML* festlegen. Bei anderen E-Mail-Programmen eine entsprechende Option aktivieren. Gleich verändert sich die Funktionsleiste des Programms – und die E-Mails können gestaltet werden, fast wie in einer Textverarbeitung.

Einziger Wermutstropfen: HTML-Mails sind etwas unsicherer als reguläre E-Mails, da sie – so wie jede Webseite – theoretisch auch unerwünschte Anhängsel haben können. Deshalb ist bei HTML-Mails noch etwas mehr Vorsicht geboten.

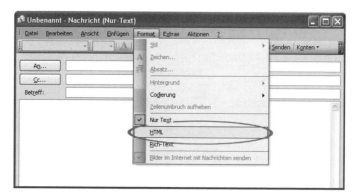

316. Die Post durchblättern

Wenn der elektronische Briefkasten mal wieder überquillt, kann die Durchsicht des virtuellen Eingangskörbchens regelrecht zur Qual werden: Jede E-Mail einzeln öffnen, lesen, schließen – und dann die nächste aufrufen. Doch wer Outlook Express benutzt, kann die Post bequem durchblättern: Durch Betätigen der Tastenkombination [Strg][.] erscheint der jeweils nächste E-Brief, [Strg][,] geht in der Liste einen Schritt zurück. Das funktioniert nicht nur in der Übersicht des Posteingangs, sondern auch, während der Inhalt einer E-Mail bearbeitet wird. Bequemer lässt sich der elektronische Postberg nicht durcharbeiten.

317. Unterwegs dasselbe wie zu Hause

Viele Anwender benutzen im Büro einen Tisch-PC und unterwegs ein Notebook – beide mit Outlook. Im Idealfall sind beide Rechner immer auf demselben Stand. So wird's gemacht: Bevor es auf Reisen geht, den *Persönlichen Ordner* als PST-Datei exportieren. Dazu die Funktion *Datei › Neu › Outlook Datendatei* auswählen (Outlook) oder *Datei › Exportieren* (Outlook Express).

Wichtig: Beim Export den Oberbegriff *Persönliche Ordner* markieren und die Option *Untergeordnete Ordner mit einbeziehen* anklicken. Die exportierte PST-Datei (Vorsicht: oft mehrere Megabyte groß) per Netzwerk oder auf anderem Weg auf das Notebook übertragen und dort in Outlook importieren. Wichtig: Dort die Option *Duplikate durch importierte Elemente* aktivieren, sonst ist bei vielen Datenaustauschen später jede Adresse mehrfach vorhanden.

318. Elektronisches Einschreiben mit Rückschein

Wer eine E-Mail auf den Weg bringt, kann zwar sicher sein, dass sie gewöhnlich schon wenige Augenblicke später im elektronischen Postfach des Empfängers landet. Aber ob und wann sie gelesen wird, bleibt unklar. Die Funktion *Lesebestätigung* in gängigen E-Mail-Programmen wie Outlook schafft nur bedingt Abhilfe. Denn benutzt der Empfänger eine andere E-Mail-Software oder lässt er das Quittieren nicht zu, gibt es auch keine Bestätigung.

Diesen Missstand will der Onlinedienst *I Trace You* (wörtlich: Ich verfolge dich) abstellen. Wer sich unter www.itraceyou.com registriert, kann wahlweise aus dem Web oder mit seinem Postprogramm E-Mails verschicken. Sobald die E-Mail beim Adressaten ankommt und geöffnet wurde, erhält der Absender automatisch eine kurze Bestätigung. Eine Art Einschreiben mit Rückschein. Der Service ist kostenlos.

319. Outlook: Alle Dateianhänge zulassen

Wer mit E-Mail-Programmen wie Outlook 2002 und Outlook 2000 arbeitet, muss feststellen: Wenn das so genannte Servicepack 2 eingerichtet ist (was oft automatisch passiert), blenden die Programme aus Sicherheitsgründen alle per E-Mail verschickten Dateianhänge mit Endungen wie .EXE, .HLP oder .VBS aus.

Dadurch entsteht ein Problem: Denn es gibt so keine Möglichkeit mehr, an eventuell per E-Mail zugeschickte Dateien heranzukommen. Wer den möglicherweise ungewollten Filter abschalten möchte, muss dazu eine Korrektur in der Systemdatei Registry vornehmen.

Dazu die Funktion *Ausführen* im *Start*-Menü aufrufen und *Regedit* eingeben. Danach im Ordner *HKey_Current_User* den Ordner *Software/ Microsoft/Office/10.0/Outlook/Security* auswählen. Ein Rechtsklick mit der Maus, danach Neu und hier die Option *Zeichenfolge* anklicken. Als Name *Level1Remove* eintragen und als Wert durch Semikola getrennt jene Dateiendungen aufführen, die ausdrücklich erlaubt sein sollen, etwa *exe;com;hlp*. Erst nach Neustart wirksam.

320. Programmdateien per E-Mail verschicken

Computerviren machen die Runde. Um die Flut einzudämmen, hat Microsoft in der neuesten Version der Post-Software Outlook den Versand von Programmdateien (Endung .EXE) eingeschränkt. Die Programmdateien kommen zwar an, können aber weder geöffnet noch ausgeführt oder abgespeichert werden.

Wer dennoch eine EXE-Datei verschicken möchte, beispielsweise eine sich selbst entpackende Datei, kann die Blockade umgehen. Im Windows Explorer die betreffende Datei mit der rechten Maustaste anklicken und über *Umbenennen* die Endung .EXE in .PRO ändern.

Die unvermeidliche Warnung ignorieren. Der Empfänger muss die Datei nach dem Speichern dann wieder in eine Datei mit der Endung .EXE umbenennen.

321. E-Mails löschen

Eine E-Mail, die nicht mehr gebraucht wird, kann jederzeit gelöscht werden. Outlook und Outlook Express befördern gelöschte Nachrichten allerdings automatisch in den Ordner *Gelöschte Objekte*. Dort bleiben sie auch eine Weile. Je nach eingestellten Programmoptionen werden die im Ordner *Gelöschte Objekte* zwischengelagerten Nachrichten entweder beim Verlassen der Software oder erst beim ausdrücklichen Entleeren des Papierkorbs tatsächlich entfernt.

Wer eine E-Mail sofort komplett entfernen möchte, so dass sie niemand mehr einsehen kann, sollte die Tastenkombination [Shift][Löschen] benutzen oder beim Löschen einfach [Shift] drücken. In diesem Fall löschen Outlook und Outlook Express die markierten Objekte unter Umgehung des Zwischenlagers.

322. Outlook-Dateien sichern

Im persönlichen Informationsmanager Outlook sammeln sich mit der Zeit jede Menge wertvoller Informationen an. Neben E-Mails auch Kontaktdaten und Termine. Outlook speichert all diese Informationen in einer PST-Datei. Microsoft bietet auf seiner Homepage nun eine kleine Erweiterung an, die sich automatisch um das Herstellen einer Sicherheitskopie der PST-Datei kümmert.

Das Miniprogramm funktioniert mit Outlook 2000 bis 2003 (also auch mit XP, aber nicht mit Outlook im Mac-Betriebssystem) und ist gratis unter www.sogehtsleichter.de/pstarchiv zu bekommen. Einfach nach der Installation im Menü *Datei* aufrufen und angeben, in welchen Zeitabständen das Programm eine Sicherungskopie anfertigen soll. Sollten mal Daten verloren gehen, lässt sich die Sicherheitskopie bei Bedarf wieder auf die Festplatte zurückkopieren, so dass alle Daten wieder zur Verfügung stehen.

323. Flexibler Postbote

Während kostenlose E-Mail-Dienste heute wie selbstverständlich auch einen Webzugang anbieten, damit die elektronische Post auch ohne E-Mail-Software gelesen und bearbeitet werden kann, bieten viele Provider diesen Service nicht an. Auch die meisten Firmenbriefkästen bleiben ohne Outlook oder Outlook Express verschlossen. Das will der praktische Postdienst unter www.mail2web.com ändern.

Damit hat man Zugriff auf jedes E-Mail-Postfach. Einfach E-Mail-Adresse und Passwort eingeben, wenig später erscheint eine Übersicht über die eingetroffene Post. Per Mausklick lässt sich jeder Brief lesen, löschen oder auch beantworten. Wer auf Nummer Sicher gehen will, verwendet die sichere Datenverbindung.

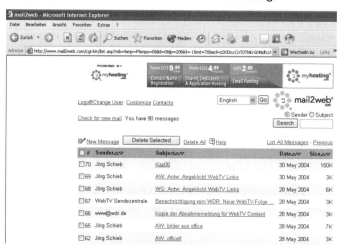

324. Outlook zum Standard machen

Das kann ganz schön nerven: Nach jedem Programmstart fragt Outlook Express nach, ob die Software zum Standardprogramm für elektronische Post und News gemacht werden soll. Wer immer mit Outlook Express arbeiten möchte, sollte die Funktion *Extras > Optionen > Allgemein* aufrufen.

Hier lässt sich das einstellen. Das Problem: Mitunter merkt sich das Programm die Einstellungen nicht richtig. Dann die Funktion *Start ›* *Ausführen* benutzen und die Anweisung *msimn.exe/reg* eintippen. Dadurch wird erreicht, dass Outlook Express als Standardprogramm für E-Mails und News registriert wird. Nach einem Neustart des Rechners dürfte es dann keine Schwierigkeiten mehr geben.

325. Outlook unter Linux

Manch einer wagt den Wechsel von Windows zu Linux. Wenn auch alle E-Mails sowie Kalender- und Kontaktdaten umziehen sollen, empfiehlt sich ein Umstieg auf das Outlook-Pendant Ximian Evolution. Die im Netz unter www.ximiam.com kostenlos erhältliche Software verarbeitet auf Knopfdruck Outlook-Daten, kann auf Wunsch aber auch eine Verbindung zu bestehenden Outlook-Ordnern herstellen, etwa um online auf die Kalender von Kollegen zuzugreifen.

Der Umstieg reduziert die Virengefahr, denn die Script-Verwaltung von Windows ist in Ximian Evolution nicht zu finden. Einzige Bedingung für den Umstieg: Der Linux-Benutzer muss anstelle der weit verbreiteten Linux-Oberfläche KDE den Gnome Desktop verwenden.

326. Alternative zu Outlook

Jeder Windows-Benutzer hat serienmäßig Outlook Express auf der Festplatte. Viele verfügen außerdem über das komfortablere E-Mail-Programm Outlook. Allerdings verunsichern die sich häufenden Sicherheitsprobleme bei Outlook Express viele Benutzer. Viele Viren und Würmer nutzen gezielt Schwächen in Microsofts Programmen aus.

Eine gute Alternative ist Mozilla Thunderbird, das unter www.sogehtsleichter.de/thunderbird als deutschsprachige Version geladen werden kann. Das kostenlose Programm bietet neben komfortablen E-Mail-Funktionen und serienmäßigem Spam-Schutz auch Extras wie Filter und Regeln. Vorhandene E-Mail-Postfächer oder Kontaktordner lassen sich problemlos importieren.

327. Tresor für E-Mails

Post ist Vertrauenssache, auch elektronische. Doch E-Mails sind nicht besonders gut geschützt. Wer seinen PC mitunter unbeaufsichtigt lässt, muss damit rechnen, dass Fremde den Posteingang durchstöbern. Was sich aber verhindern lässt, denn Outlook bietet einen praktischen Passwortschutz an, Outlook Express leider nicht. Um den Zugriffsschutz zu aktivieren, einfach mit der rechten Maustaste auf *Outlook heute* klicken und *Eigenschaften* auswählen.

Danach auf *Erweitert* klicken und *Kennwort ändern* aktivieren. Nach Festlegen des Kennworts ist sichergestellt, dass Outlook ab sofort nach jedem Start erst mal nach dem geheimen Passwort fragt. Erst dann flimmern alte und neue E-Mails über den Bildschirm.

328. Dateien per E-Mail verschicken

Outlook und Outlook Express können nicht nur elektronische Briefe verschicken, sondern gewissermaßen auch digitale Päckchen – also E-Mails mit Anhang, in der Fachsprache *Attachment* genannt. Erfahrene Benutzer klicken beim Verfassen der E-Mail auf die kleine Büroklammer oder wählen die entsprechende Funktion im Menü *Einfügen* an, um die gewünschten Dateien als *Anhang* festzulegen.

Wenn jedoch mehrere Dateien verschickt werden sollen und diese womöglich auch noch in verschiedenen Ordnern gespeichert sind, sollte ein bequemerer Weg gewählt werden: Einfach mit Hilfe des Windows Explorers die gewünschten Dateien auswählen, markieren und dann bei gedrückter Maustaste auf das Fenster von Outlook oder Outlook Express ziehen – schon landen die Dateien im Anhang der E-Post.

329. Erst holen, dann senden

Manche E-Mail-Dienste haben ungewöhnliche Spielregeln: Bevor sich eine E-Mail verschicken lässt, muss der Benutzer vorher erst den eigenen Briefkasten erst mal abfragen. Eine Reihenfolge, die fast alle kostenlosen Mail-Dienste verlangen – und zwingend eingehalten werden muss. Hintergrund: Auf diese Weise soll verhindert werden, dass Unberechtigte den Postdienst zum Versenden missbrauchen.

Die Abfrage des eigenen Briefkastens ist nämlich durch das Passwort abgesichert und dient so als Legitimation, den Mail-Dienst benutzen zu dürfen, ebenso die Sendefunktion. Wer die Reihenfolge vergisst, muss damit rechnen, dass eine E-Mail beim ersten Mal als unzustellbar zurück kommt oder eine andere Fehlermeldung erscheint. Der Trick: Einmal gezielt auf Senden/Empfangen klicken, bevor die E-Mail geschrieben und verschickt wird.

330. Verständigungsprobleme in E-Mails

Wenn alles glatt läuft, verstehen sich die E-Mail-Programme von Absender und Empfänger optimal. Leider ist das keineswegs immer der Fall. Häufigstes Problem: Ein Anhang lässt sich nicht öffnen. Viele E-Mail-Programme präsentieren eine Datei WINMAIL.DAT im Anhang, wenn der Absender Outlook oder Outlook Express verwendet und die Nachricht im HTML/RTF-Format verschickt.

Das Problem verschwindet, wenn der Absender die E-Mail im Format *Nur Text* verschickt. Einfach den Absender bitten, die E-Mail noch mal in diesem Format zu schicken. Erfahrene Anwender können unter www.fentun.com ein praktisches Miniprogramm laden, das die angehängte Datei WINMAIL.DAT öffnen und die darin enthaltenen Meldungen und Dateien extrahieren kann.

331. Der Fahnder in Outlook

E-Mails sind praktisch, solange es nicht zu viele werden. Doch wer extrem viel elektronische Post bekommt, muss mitunter lange suchen, bis eine bestimmte E-Mail gefunden ist. Bei Bedarf ist Outlook allerdings gern bei den Recherchen behilflich. Sind zum Beispiel alle E-Mails eines bestimmten Absenders gefragt, einfach mit der rechten Maustaste auf die Nachricht klicken und im Kontextmenü *Alle suchen* die Option *Nachrichten vom gleichen Absender* auswählen.

Anschließend fahndet Outlook nach den entsprechenden Nachrichten und präsentiert sie übersichtlich in einem separaten Fenster. Das kann allerdings durchaus einige Sekunden dauern, je nachdem, wie viele E-Mails in den Outlook-Ordnern gespeichert sind. Genauso einfach und bequem lassen sich auch Nachrichten zum selben Thema finden. Ideal, um auch lange zurückliegende E-Mails aufzuspüren.

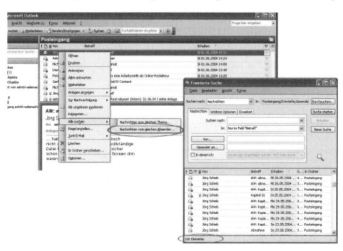

332. Fotos automatisch verkleinern

Digitale Fotoapparate bieten heute immer höhere Auflösungen. Das Problem: Dadurch wächst das Volumen der Bilddateien. Wer die digitalen Schnappschüsse per E-Mail verschicken möchte, sollte jedoch durchaus auf den Umfang achten. Denn zu voluminöse E-Mails sind unhandlich und werden von vielen Mail-Providern sogar zurückgewiesen.

Nicht jeder muss extra zu Foto-Software greifen: Das neue Outlook 2003 rechnet Digitalfotos auf Wunsch automatisch klein. Dazu einfach nach dem Einfügen der Bilder in die Anlage auf *Anlageoptionen* klicken. Anschließend das gewünschte Bildformat auswählen und Outlook reduziert Bildgröße und Speicherbedarf.

333. Ärger mit der Betreffzeile

Benutzer von Outlook und Outlook Express müssen sich mitunter Kritik anhören: Die verschickte Post kommt zwar an, aber die Betreffzeile ist kaum oder gar nicht lesbar. Was daran liegt, dass Sonderzeichen oder Umlaute nicht korrekt kodiert werden, also für andere E-Mail-Programme allgemein verständlich verschlüsselt.

Doch das lässt sich ändern. Dazu im Menü *Extras* die Funktion *Optionen* auswählen und dort auf *E-Mail-Format* klicken. Anschließend im Auswahlbereich *Internationale Optionen* unter *Codierung für ausgehende Nachrichten* den Eintrag *Westeuropa (ISO)* einstellen. Benutzer von Outlook Express finden dieselbe Option unter *Extras › Optionen › Senden bei internationalen Einstellungen*.

So sollte sichergestellt sein, dass der Empfänger auch den Betreff lesen kann.

334. Erinnerung für E-Mails

Jeden Tag trudeln unzählige E-Mails ein. Kein Wunder, wenn da mal eine elektronische Nachricht untergeht. Doch das muss nicht sein. Outlook bietet die Möglichkeit, jede E-Mail sofort zu kennzeichnen – damit man sie besser auseinander halten kann und später auch leichter wiederfindet. Geschäftsbriefe lassen sich in einer anderen Farbe auszeichnen als wichtige Post von Freunden. Auf Wunsch hat Outlook sogar ein Auge darauf, dass E-Mails auch beantwortet werden.

Um eine E-Mail im Posteingang zu markieren, einfach mit der rechten Maustaste anklicken und im Menü Zur *Nachverfolgung* die gewünschte Fahnenfarbe auswählen. Mit Hilfe der Funktion *Erinnerung hinzufügen* lässt sich erreichen, dass Outlook außerdem an die Erledigung der betreffenden E-Mail erinnert. Einfach den gewünschten Termin festlegen. Ein einfacher Klick auf die Fahne im Posteingang reicht, um die E-Mail als erledigt zu markieren.

335. Rechtschreibkorrektur in Outlook Express

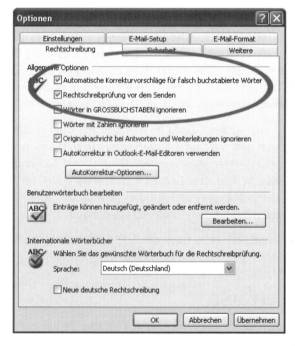

Rechtschreibfehler müssen nicht sein: Outlook Express kontrolliert auf Wunsch ausgehende Post gern auf mögliche Tippfehler. Dazu im

Menü *Extras* die Funktion *Optionen* auswählen und anschließend auf Rechtschreibung klicken.

Für die Rechtschreibprüfung sollten die beiden Optionen *Rechtschreibkorrektur vorschlagen* sowie *Rechtschreibung immer vor dem Senden prüfen* aktiviert sein. Outlook Express merkt sich diese Einstellungen dauerhaft. Jede ausgehende E-Mail wird nun automatisch auf Rechtschreibfehler untersucht. Jeder einzelne Fehler wird markiert und kann bequem korrigiert werden. Unbekannte Wörter lassen sich ins Wörterbuch übernehmen.

336. Outlook-Datei komprimieren

Wer viel elektronische Post bekommt und über einen gut gefüllten Kontaktordner verfügt, muss erleben, wie die PST-Datei von Outlook rasch anwächst. Sie kann ohne weiteres mehrere hundert MByte groß werden. Was nicht nur wertvollen Speicherplatz auf der Festplatte kostet, sondern obendrein auch den Rechner ausbremst.

Deshalb sollten Outlook-Benutzer die Systemdatei der E-Mail-Software in regelmäßigen Abständen aufräumen. Dazu mit der rechten Maustaste auf *Persönliche Ordner* klicken und *Eigenschaften* auswählen. Im Register *Erweitert* auf *Jetzt komprimieren* klicken, um den Ordner zu komprimieren. Der Aufräumprozess kann je nach Datenumfang eine Weile dauern. Danach sollte die PST-Datei einen deutlich geringeren Umfang haben.

337. Keine Bilder in Outlook

Das neue Outlook 2003 verfügt über einen eingebauten Spam-Schutz: Trudelt eine E-Mail im HTML-Format ein, werden eventuell in der Nachricht verlinkte Bilder nicht mehr automatisch nachgeladen. Aus gutem Grund: Spam-Versender bekämen auf diese Weise ungewollt einen Hinweis, dass die E-Mail-Adresse benutzt wird. Sie werden die Adresse danach ganz sicher nicht aus dem Verteiler streichen. Bei E-Mails, die garantiert bedenkenlos gelesen werden können, lassen sich die Grafiken durch einfachen Mausklick auf den Platzhalter für die Grafik nachladen.

Dazu mit der rechten Maustaste auf den Platzhalter klicken und *Bilder downloaden* auswählen. Bei einer seriösen Absenderkennung lässt sich auch die Option *Absender zur Liste sicherer Absender hinzufügen* auswählen. Outlook lädt dann in Zukunft bei diesem Absender die Bilder automatisch nach. Sind alle Absender der Domäne willkommen, etwa alle mit der Kennung einer Firma, kommt auch die Option *Domäne zur Liste sicherer Absender hinzufügen* in Frage.

KAPITEL 9:

KONTAKTE UND TERMINE VERWALTEN

Wer es sich heute in einem Café bequem macht, kann eigentlich in jeder Großstadt der Erde mehr oder weniger dieselbe Beobachtung machen: Da sitzen junge Menschen vor ihrem Cappuccino oder Latte Macchiato, Männer wie Frauen, und tippen mit einem winzigen graufarbenen Plastikstift auf einem Minidisplay herum. Gut, manche kommen auch ohne Griffel aus, haben aber ansonsten denselben geistesabwesenden Blick: konzentriert auf die kleine Anzeigefläche gerichtet.

Organizer und/oder Handy sind heute quasi überall dabei. Sie ersetzen den klassischen Terminkalender aus Papier, wollen aber natürlich auch genutzt werden – denn anderenfalls wären die Hightech-Euros umsonst ausgegeben. Darum wird penibel jeder Termin notiert oder wenigstens jedes „Date", jeder Termin vorher mit den gespeicherten Terminen abgeglichen. Gern auch sechs Monate im Voraus.

Zu Hause angekommen, landen Organizer/Handy/SmartPhone flugs im „Cradle", so heißen die kleinen Dockingstationen aus Plastik, die mit dem PC verbunden sind und dafür sorgen, dass PC und Organizer miteinander tuscheln und innerhalb von Sekunden alle wichtigen Daten und Termine miteinander abgleichen. So weiß der PC, was der Organizer weiß – und umgekehrt.

Wer viele Kontakte und Termine verwalten muss, kommt mit dem kostenlosen Outlook Express nicht aus. Outlook ist gewöhnlich die Software der Wahl. Damit lassen sich bequem unzählige Kontakte verwalten – und so ganz nebenbei behält man auch den Überblick über alle Termine. Outlook kann deutlich mehr, als die meisten ahnen. Aber nur die wenigsten trauen sich, per E-Mail einen Termin abzugleichen – dabei ist das ausgesprochen praktisch und bequem. Aber eben nur, wenn beide Seiten (oder: alle Beteiligten) Outlook benutzen und außerdem auch wirklich alle Termine mit der Software verwalten.

Das machen dann merkwürdigerweise viele aber doch nicht. Private Termine bleiben oft außen vor.

338. Mehr Übersicht im Kalender

Der in Outlook eingebaute Kalender präsentiert normalerweise die Tagesansicht. Alle Termine sind zu sehen und können bearbeitet werden. Wer die Terminlage mehrerer Tage gleichzeitig im Blick haben möchte, klickt bei gedrückter [Strg]-Taste die entsprechenden Tage in der Kalenderansicht an. So lassen sich komfortabel Termine kopieren oder verschieben.

Noch bequemer ist die weitgehend unbekannte Tastenkombination mit [Alt]: Um zum Beispiel zwei Tage gleichzeitig zu sehen, einfach [Alt][2] betätigen, für drei Tage [Alt][3] etc. Auf diese Weise kann Outlook bis zu 10 Kalendertage parallel präsentieren. [Alt][7] zaubert eine praktische Übersicht der nächsten Woche auf den Schirm.

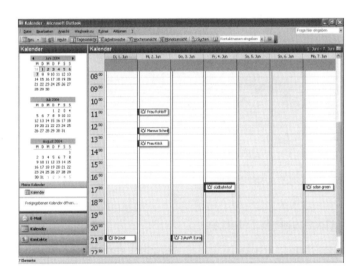

339. Kalenderwochen anzeigen

Viele Terminabsprachen beginnen in etwa so: Der *nächste freie Termin ist in Kalenderwoche 17.* Leider zeigt Outlook die Kalenderwochen normalerweise nicht an, obwohl das bei der Terminplanung in aller Regel eine große Hilfe wäre. Doch es gibt eine – allerdings versteckte – Option in Outlook, die dafür sorgt, dass die Kalenderwochen dann doch eingeblendet werden.

Dazu im Menü Extras die Funktion Optionen auswählen. Im Register *Einstellungen* auf *Kalenderoptionen* klicken und dort die Rubrik *Wochennummern im Datumsnavigator anzeigen* durch Mausklick aktivieren. Sobald das geschehen ist, erscheinen augenblicklich in den Monatsansichten in der rechten oberen Ecke auch die Kalenderwochen.

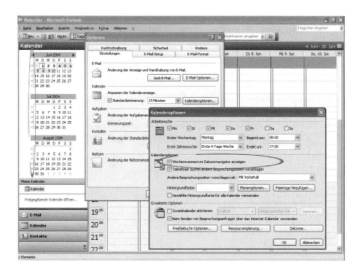

340. Outlook verrät Feiertage

Wann ist der nächste Feiertag? Wer nicht gern Kalender wälzt, kann auch Outlook mit der Suche beauftragen. Diese Aufgabe übernimmt ein Filter, der gezielt nur die gesetzlichen Feiertage anzeigt. Dazu in der Kalenderansicht auf *Ansicht > Aktuelle Ansicht > Ansichten definieren*. Danach auf *Neu* klicken und einen Namen eingeben, etwa Feiertage.

Anschließend den Ansichtstyp *Tabelle* und die Funktion *Filtern* wählen. Im Anschluss daran im Register *Weitere Optionen* im Auswahlfeld *Kategorien* auf *Feiertag* klicken und zweimal mit OK bestätigen. Von nun an steht im Menü *Ansicht* die Auswahl *Feiertage* zur Verfügung. Sollen auch ausländische Feiertage berücksichtigt werden, im Menü *Extras > Optionen > Kalender* einmal auf *Feiertage hinzufügen* klicken und das entsprechende Land auswählen.

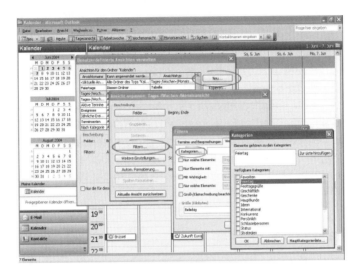

341. Kontakte schneller finden

Wenn der Kontaktordner von Outlook erst mal eine bestimmte Anzahl von Adressdaten enthält, kann das Aufspüren einer Person zur Qual werden. Das fängt bereits damit an, dass erst von der E-Mail-Darstellung in die Kontaktübersicht gewechselt werden muss, um überhaupt in den Adressen blättern zu können.

Dabei ist das gar nicht nötig: Einfach den gewünschten Suchbegriff in das kleine, unscheinbare Suchfeld unterhalb der Menüs tippen, das sich gleich neben dem Buch-Symbol befindet. Denn hier kann jeder beliebige Suchbegriff eingegeben werden, etwa Vornamen, Nachnamen oder Bestandteile von E-Mail-Adressen. Die Suchfunktion von Outlook spürt anschließend die entsprechenden Kontakte auf und präsentiert sie in einem separaten Minifenster.

342. Kontakte aus Outlook übernehmen

Outlook und Word arbeiten bei Bedarf Hand in Hand. Wer in Outlook seine Kontakte verwaltet und regelmäßig Namen oder sogar komplette Adressen in ein Word-Dokument übernehmen möchte, findet den Umweg über die Zwischenablage sicher auf Dauer zu mühselig. Diese Methode ist zwar zuverlässig, aber zeitraubend und nicht eben praktisch.

Doch es geht auch einfacher: Word-Benutzer können auf der Symbolleiste ein Icon zum Zugriff auf die Outlook-Kontakte einrichten. Dazu in Word die Funktion *Ansicht > Symbolleisten > Anpassen* auswählen und anschließend auf die Registerkarte *Befehle* klicken. In *Kategorien* den Eintrag *Alle Befehle* wählen und unter *Befehle* die Option *Einfügen Adresse* markieren. Danach den Eintrag bei gedrückter Maustaste auf die Word-Symbolleiste ziehen. So stehen die Outlook-Kontakte jederzeit auf Knopfdruck zur Verfügung.

343. Alte Kontakte löschen

Wird ein Name oder eine E-Mail-Adresse in die vorgesehenen Adressfelder von Outlook eingetippt, sucht das Programm bereits nach Eingabe einiger Zeichen potenzielle Adressaten, die in der Vergangenheit schon mal per E-Mail angeschrieben wurden, und präsentiert diese in einer kleinen Auswahlliste. Vorteil: Diese E-Mail-Adressen lassen sich bequem per Knopfdruck übernehmen, ohne dass der komplette Name oder die vollständige Adresse eingetippt werden müsste.

Doch es gibt auch einen Nachteil: Oft erscheinen Karteileichen, die eigentlich aus dem Kontaktordner entfernt werden müssten. Dazu einfach den nicht mehr benötigten Eintrag markieren und auf [Entf] drücken, schon verschwindet er aus der Auswahl. Auch in Zukunft.

344. Kontakte nach Excel exportieren

Outlook bietet zwar die Möglichkeit, relativ komfortabel Kontakte zu verwalten, doch was das Auswerten von Namen und Adressen betrifft, ist Outlook verhältnismäßig bescheiden ausgestattet. Viele Office-Benutzer bearbeiten umfangreiche Kontaktlisten deshalb lieber in Excel oder einer anderen Tabellenkalkulation. Dort stehen in der Regel mehr Möglichkeiten und Funktionen zur Verfügung, um Listen komfortabel zu bearbeiten.

Ein solches Bearbeiten der Listen in Excel ist problemlos möglich, da Outlook und Excel perfekt kooperieren. Innerhalb von Outlook dazu die Kontakte aktivieren und im Menü *Datei* die Funktion *Importieren/ Exportieren* auswählen. Anschließend für die Option *Exportieren in eine Datei* entscheiden. Nachdem auch der Dateiname festgelegt ist, speichert Outlook die Kontakte in einem für Excel verdaulichen Format ab. Beim ersten Mal muss in der Regel das nötige Modul nach-installiert werden, deshalb Office-CD bereithalten.

345. Kontakte ins Handy

Fast alle modernen Mobiltelefone bieten heute die Möglichkeit, die auf dem PC gespeicherten Kontakte und Termine auf Knopfdruck zu übernehmen. Die mitgelieferte Software synchronisiert dazu den Datenbestand zwischen PC und Handy. Das Problem: Viele Computerbenutzer haben deutlich mehr Kontakte in Outlook gespeichert als ins Handy passen.

Da heißt es selektieren. Deshalb ein selten oder gar nicht benutztes Infofeld wie *Pager* zur Kennzeichnung verwenden. Einfach die gewünschten Kontakte markieren und beim Synchronisieren einen Filter benutzen, der dafür sorgt, dass alle nicht mit dem Infofeld Pager markierten Kontakte ignoriert werden.

346. Eigene Formulare in Outlook

Outlook verwaltet nicht nur E-Mails, sondern merkt sich auch Kontaktdaten und Adressen. Was viele nicht wissen: Die voreingestellten Formulare lassen sich bei Bedarf jederzeit nach eigenen Vorstellungen erweitern und verändern. Es können sogar vollständig eigene Formulare entworfen werden.

Dazu in Outlook die Funktion *Extras > Formulare > Ein Formular entwerfen* auswählen. Anschließend die Art des Formulars bestimmen, schon kann im dann präsentierten Entwurfsfenster die Bildschirmmaske nach individuellen Vorstellungen gestaltet und erweitert werden. Um das Formular zu verwenden, mit *Formular veröffentlichen* speichern. Bei der nächsten Neueingabe einfach mit *Extras > Formulare > Formular auswählen* beginnen.

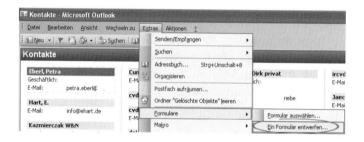

347. Virtuelle Notizzettel

Outlook kann sich nicht nur vorzüglich Adressen und Termine merken, sondern dient auch als praktisches Notizbuch. Einfach die Funktion *Datei > Neu > Notiz* aufrufen oder die Tastenkombination [Strg][N] benutzen, schon erscheint ein virtueller Notizzettel auf dem Bildschirm. Der Notizzettel lässt sich beliebig auf dem Bildschirm verschieben, verschwindet aber, sobald Outlook geschlossen wird.

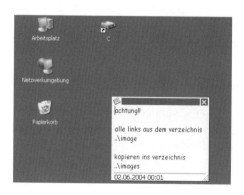

Um eine Notiz gut sichtbar auf dem Desktop abzulegen, einfach die gewünschte Notiz im Ordner *Notizen* anklicken und mit gedrückter Maustaste auf den Desktop ziehen, dort die Maustaste wieder loslassen. Eine gut sichtbare, ständige Erinnerung, die sich jederzeit durch Doppelklick öffnen lässt.

348. Zwei Macs gekonnt verbinden

Wer zwei Apple-Rechner miteinander verbinden möchte, muss dazu nicht gleich ein aufwendiges lokales Netzwerk (LAN) einrichten. Das Verwenden eines so genannten Crossover-Ethernet-Kabels, im Fachhandel für wenige Euro zu bekommen, reicht völlig aus, um die beiden Geräte ohne zusätzliche (und oft teure) Hardware wie Router, Hub oder Switch miteinander zu vernetzen.

Anschließend können die beiden Mac-Rechner in Kontakt treten und im Blitztempo Daten austauschen. Wichtig: Um auf den jeweils anderen Apfel-Rechner zugreifen zu können, muss unbedingt die gesamte Festplatte fürs Netzwerk freigegeben werden. Das Freigeben einzelner Ordner, im normalen LAN durchaus möglich und sinnvoll, reicht in dieser speziellen Situation allerdings nicht aus.

349. Schweigsamer MSN Messenger

Er ist fast auf jedem neu eingerichteten PC vorhanden, doch nur die wenigsten brauchen die Telegrammsoftware von Microsoft wirklich. Trotzdem meldet sich der MSN Messenger nach jedem Rechnerneustart zu Wort. Meist weist er auf vorliegende Updates hin, noch öfter will der Messenger den Benutzer zur Anmeldung überreden.

Um den MSN Messenger ruhig zu stellen, das Programm einmal über *Start > Alle Programme* starten. Danach *Extras > Optionen* auswählen und im Register *Einstellungen* die beiden ersten Optionen *Dieses Programm ausführen, wenn Windows gestartet wird* sowie *Dieses Programm im Hintergrund ausführen* deaktivieren. Dann gibt Microsofts Telegramm-Software Ruhe.

350. Universeller Telegrammbote

Elektronische Telegramme, so genannte Messenger-Systeme, erfreuen sich zunehmender Popularität. Sie erlauben das sekundenschnelle Versenden von Nachrichten im Netz. Außerdem lässt sich erkennen, ob Freunde oder Verwandte gerade online sind. Das Problem:

Es gibt verschiedene Telegrammwelten, namentlich ICQ, MSN, Yahoo und AOL, die untereinander nicht kompatibel sind.

Normalerweise muss für jede Telegrammwelt ein eigenes Programm geladen und installiert werden. Doch mit der im Netz erhältlichen Software Trillian Pro können kommunikationsfreudige Computerbenutzer in allen Telegrammnetzen gleichzeitig online sein. Die praktische Software lässt sich kostenlos unter www.ceruleanstudios.com herunterladen.

351. Outlook ohne Messenger

Microsoft ist bekannt dafür, neue Programme geschickt unters Volk zu bringen und für die nötige Aufmerksamkeit zu sorgen. So startet das E-Mail-Programm Outlook ungefragt bei jedem Aufruf auch die Telegramm-Software MSN Messenger. Damit lassen sich online Nachrichten mit Freunden oder Kollegen austauschen. Doch wer den Dienst nicht nutzt, braucht auch den MSN Messenger nicht.

Um den MSN Messenger für die Zukunft abzuschalten, im Menü *Extras* die Funktion *Optionen* auswählen. Danach auf den Reiter *Weitere* klicken. Im Bereich *Instant Messaging* lässt sich bestimmen, ob der MSN Messenger automatisch mit Microsoft Outlook aktiviert werden soll. Outlook Express bietet ebenfalls die Möglichkeit, den automatischen Start zu unterbinden.

352. Automatisches Logbuch

Das zum serienmäßigen Lieferumfang von Windows gehörende Miniprogramm *Editor*, auch als Notepad bekannt, verfügt über ein verborgenes Talent. Wer in der allerersten Zeile einer Textdatei den Befehl .LOG einträgt (muss unbedingt komplett großgeschrieben sein und mit [Return] abgeschlossen werden), bekommt kostenlos und automatisch eine Art Logbuch geboten.

Wird die Textdatei später im Editor geöffnet, fügt das Programm automatisch jedes Mal am Ende die aktuelle Uhrzeit und das aktuelle Datum ein. Der Cursor blinkt in der Folgezeile und wartet auf Eingaben. Auf diese Weise lässt sich bequem und einfach ein Tage- oder Logbuch führen.

KAPITEL 10:

DEN EIGENEN PC ABSICHERN

Wer als PC-Benutzer die Zeitung liest oder Nachrichten schaut, kann es durchaus mit der Angst zu tun bekommen. Vor allem die Fachzeitschriften sind voll mit Meldungen über Viren, Würmer und Trojaner. Die Experten berichten über Sicherheitslücken, Betrugsversuche, Schnüffelattacken, Manipulationstricks, sie schreiben über entführte Webseiten, ausgeschnüffelte Daten und abgehörte Internetverbindungen.

Da schwirrt nicht nur dem Laien der Kopf. Auch ein Experte hat gut damit zu tun, seinen PC so gut wie möglich abzusichern. Die Zeiten, in denen man vollkommen unbekümmert im Netz unterwegs sein konnte, sind leider vorbei. Wer online geht, muss eine gesunde Portion Misstrauen mitbringen und auch aufpassen – daran führt kein Weg vorbei. Anderenfalls stolpert man früher oder später in eine Falle. Dann könnten die Daten futsch sein, der Rechner gekapert oder sensible Daten gemopst.

Aber keine Sorge: PC-Sicherheit ist kein Fulltimejob. Wer einigermaßen skeptisch im Netz unterwegs ist, nicht jede E-Mail bedenkenlos anklickt, nicht jeden Link ernst nimmt und auch nicht gleich jedes Formular im Web ausfüllt, ist schon recht gut geschützt. Denn viele Probleme entstehen allein dadurch, dass viele Internetbenutzer sorglos, arglos oder naiv sind. Da wird natürlich die Unerfahrenheit in Sachen Internet ausgenutzt. Gemein, aber nun mal eine Tatsache.

Wichtig ist, regelmäßig bekannt gewordene Sicherheitslücken im PC zu schließen – damit Würmer und Hacker kein offenes Scheunentor vorfinden, sondern bestenfalls mal eine kleine Kellerluke (ein 100 Prozent sicheres System gibt es sowieso nicht). So wie jedes Auto regelmäßig gewartet wird und alle zwei Jahre zum TÜV muss, sollte auch der PC in regelmäßigen Abständen gewartet und auf den neuesten Stand gebracht werden – im Interesse der Datensicherheit. Wer das nicht selbst kann, sollte einen Fachmann ranlassen. Es lohnt sich.

353. Auf Virenbefall testen

Nicht auf jedem PC ist eine funktionierende und vor allem aktuelle Virenschutz-Software aus dem Fachhandel installiert. Wer dennoch wissen möchte, ob eine bestimmte Datei einen Virus oder Wurm enthält, kann die verdächtige Datei als Anhang per E-Mail ins Testlabor der österreichischen Softwarefirma Ikarus Software schicken.

Dazu einfach die Datei per E-Mail an die Adresse *emailscanner@mail.ikarus-software.at* senden; weitere Angaben in der Betreffzeile oder in der Mail selbst sind nicht notwendig. Wenige Momente später kommt eine Antwort. In der steht dann, ob die Datei virenfrei ist oder möglicherweise infiziert. Wer mehrere Dateien auf einmal überprüfen lassen möchte, muss sie vorher mit einem Zip-Programm packen. Der Service ist kostenlos.

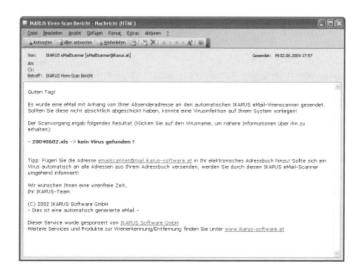

354. Computerviren austricksen

Manche Computerviren wie Badtrans müssen nicht mal aufgemacht werden: Sie schlagen schon dann zu, wenn die automatische *Vorschau* in Outlook versucht, den Inhalt der E-Mail zu präsentieren. Wer solchen Viren das Handwerk legen will, sollte die so genannte Skriptverarbeitung deaktivieren. Dazu im Browser unter *Extras › Internetoptionen* das Register *Sicherheit* anwählen und auf *Anpassen* klicken.

In der Liste sollten alle Optionen unter *Scripting auf Eingabeaufforderung* stehen. Das reduziert allerdings den Bedienkomfort. Am besten ist deshalb ein aktuelles Virenschutzprogramm wie Norton Antivirus, Kaspersky Antivirus, der Virenschutz von Panda Software oder McAffee, das eingehende Post automatisch auf Virenbefall kontrolliert. Sogar verschickte Post wird auf Virenbefall überprüft.

355. Doppelter Virenschutz

Es hat sich hoffentlich mittlerweile herumgesprochen: Ohne soliden Virenschutz sollte heute niemand mehr ins Internet gehen. Denn die Gefahr, sich im Netz einen Virus oder Wurm einzufangen, ist einfach zu hoch. Mehr als 65.000 Viren und Würmer sind in den Datenbanken der Antiviren-Firmen gespeichert – und täglich kommen ein paar hinzu.

Manche PC-Benutzer wollen auf Nummer Sicher gehen und installieren gleich zwei Virenschutzprogramme parallel. Das kann allerdings zu mitunter absurden Situationen führen. Dann meldet der eine Virenschutz einen Virus oder Wurm in der jeweils anderen Antiviren-Software, etwa wenn neue Signaturen (Beschreibungen) aktueller Viren und Würmer aus dem Netz geladen werden.

Solche Warnhinweise können allerdings getrost ignoriert werden. Denn die Warnungen kommen nur dadurch zustande, weil in den geladenen Virenbeschreibungen Informationen enthalten sind, die an Viren erinnern (so wie ein Phantombild auch an einen Verbrecher erinnert).

356. Keine Angst vor Computerviren

Mit schöner Regelmäßigkeit schaffen es einige Computerviren in die Schlagzeilen. Vor allem solche Viren, die sich per E-Mail verbreiten. Doch zur Panik gibt es dennoch keinen Grund. Zumindest, wenn ein paar einfache Regeln beherzigt werden. Grundsätzlich können Viren nur in *ausführbarem Code* enthalten sein. Das sind Dateien mit den Endungen .EXE und .VBS.

Auch in Word-Dokumenten können sich Viren verstecken, und zwar als *Makro*. Am besten ist es deshalb, wenn ein Virenschutzprogramm vorhanden ist, das alle eingehenden E-Mails automatisch unter die Lupe nimmt. In keinem Fall sollten Anhänge angeklickt werden, die einen ausführbaren Code enthalten. Vor allem dann nicht, wenn der Absender unbekannt ist. Im Zweifelsfall die betreffende Datei erst mit Hilfe von Antiviren-Software untersuchen.

357. Kostenloser Virenschutz

Über 65.000 Computerviren tummeln sich im Netz. Genug gute Gründe, den Rechner regelmäßig auf Virenbefall zu untersuchen. Wer jedoch gerade kein Antiviren-Programm zur Hand hat, kann den kostenlosen Virenprüfdienst der Experten von TrendMicro in Anspruch nehmen. Die bieten den so genannten Housecall unter www.sogehtsleichter.de/housecall (Hausbesuch) an. Danach startet ein Java-Programm und lädt eine komplette Liste aktueller Computerviren.

Nach Auswählen der zu untersuchenden Laufwerke oder Verzeichnisse geht's los. Der Service spürt nicht nur mögliche Computerviren auf, sondern entfernt sie auf Wunsch auch. Vorteil: Es muss keine Software installiert werden. Nachteil: Es dauert eine Weile, bis der Virenscanner seine Arbeit beginnen kann.

358. Praktischer Viren-Check

Nicht immer soll oder muss gleich die komplette Festplatte auf Viren untersucht werden. Manchmal würde es reichen, eine einzelne Datei zu untersuchen. Doch dann ist garantiert gerade kein Antiviren-Programm verfügbar, etwa an einem fremden PC. Kein Problem, denn das russische Virenlabor Kaspersky bietet seit kurzem unter www.kaspersky.com/de einen praktischen Online-Viren-Check an.

Dazu auf *Online-Viren-Prüfung* klicken und anschließend durch weiteren Klick auf *Durchsuchen* die zu überprüfende Datei bestimmen. Mittels *Überprüfen* schickt der PC die Datei zum Server von Kaspersky, wo sie auch gleich untersucht wird. Nur Sekunden später erscheint der Befund auf dem Bildschirm. Der Service ist kostenlos.

359. Lästige Viren und Würmer entfernen

Wer sich wirkungsvoll gegen lästige Schädlinge aus dem Netz schützen will, installiert am besten ein namhaftes Virenschutzprogramm auf seinem Rechner. Das kostenlos erhältliche Schutzprogramm Stinger von der amerikanischen Softwarefirma Network Associates untersucht die eigene Festplatte zumindest auf besonders aggressive Viren und Würmer, darunter auch MyDoom, aber auch Bugbear, Netsky, Nimda, B@gle oder Blaster.

Einfach das Programm von der Homepage des Unternehmens (vil.nai.com/vil/stinger/) herunterladen und starten. Stinger nimmt alle Dateien unter die Lupe, meldet mögliche Infektionen und entfernt Viren und Würmer auch. Wer auf einen Rundumvirenschutz verzichtet, sollte seine Festplatte wenigstens mit diesem Programm regelmäßig untersuchen, um möglicherweise versteckte Viren und Würmer aufzuspüren.

360. Computerviren entfernen

Computerviren und Würmer gehören heute leider zum Computeralltag. Wer einen Virenschutz installiert hat, muss sich in der Regel keine großen Sorgen machen: Der Virenschutz schlägt Alarm, wenn neue Viren oder Würmer auftauchen. Bereits infizierte Dateien lassen sich allerdings nicht immer von den lästigen Schädlingen befreien. Vor allem Systemdateien und Dateien mit der Endung .DLL bocken mitunter: Angeblich seien die Dateien in Benutzung und könnten deshalb nicht desinfiziert werden.

Wenn eine solche Meldung erscheint, den Rechner im abgesicherten Modus starten. Dazu den PC neu starten und nach den ersten Meldungen des BIOS die Taste [F8] drücken. Hinweise, dass Windows im abgesicherten Modus gestartet wurde, einfach bestätigen. Windows verwendet in diesem Betriebsmodus den VGA-Modus, eine deutlich geringere Bildschirmauflösung als sonst. Daran darf man sich nicht stören. Nun den Virentester starten und die Festplatte nach Viren und Würmern untersuchen. Infizierte Dateien lassen sich dann im abgesicherten Modus bearbeiten oder löschen.

361. Warnung für Geisterviren

Weit mehr als 65.000 Computerviren kursieren mittlerweile, jeden Tag kommen etwa 20 neue hinzu. Kein Wunder, dass immer wieder per E-Mail Warnmeldungen eintrudeln, die vor Viren warnen. Die Crux dabei: Häufig handelt es sich bei den Hinweisen um blinden Alarm. Das kommt so häufig vor, dass es sogar einen Fachausdruck dafür gibt: Hoax. Eine Art moderne Form von Aprilscherz.

Meist wird behauptet, das bloße Lesen einer bestimmten E-Mail könnte schon zum Virenbefall führen. Einziger Zweck einer solchen Hoax ist es, unnötigen Mailverkehr zu verursachen. Denn gutgläubige Leser verschicken die Warnungen gern an Freunde und Kollegen. Einziger Sinn: Die *Autoren* solcher Meldungen haben ihren Spaß daran. Mehr Infos über Hoax-Botschaften gibt es bei der TU Berlin unter www.hoax-info.de.

362. BSI informiert über Internetsicherheit

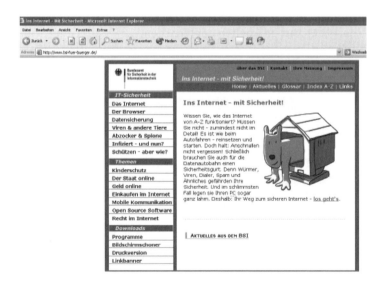

Im Internet lauern einige Gefahren, nicht nur Viren, Würmer und Spam, es drohen auch Abzocke, Spionage, Indiskretion. Kein Grund zur Panik, aber es gibt zweifellos einiges zu beachten. Wer auf Nummer Sicher gehen will, kümmert sich um einen sinnvollen Schutz.

Deshalb informiert das Bundesamt für Sicherheit in der Informationstechnik (BSI) auf einer speziellen Webseite über Gefahren im Netz und wie man sich schützen kann. Das durchweg empfehlenswerte Angebot ist unter www.bsi-fuer-buerger.de zu erreichen. Die Beiträge sind durch die Bank verständlich formuliert und greifen die wichtigsten Themen und Sorgen auf. Zahlreiche nützliche Programme, die das Surfen im World Wide Web sicherer machen, warten darauf, von den Besuchern heruntergeladen zu werden.

363. Schnüffelprogramme abwehren

Sie werden immer lästiger: Schnüffelprogramme, die sich unbemerkt auf der Festplatte einnisten und den PC-Benutzer beim Surfen im World Wide Web beobachten. Solche Spyware getauften Programme sammeln ungeniert Informationen, erstellen mitunter Profile und präsentieren gezielt Werbeeinblendungen, die zum Surfverhalten passen.

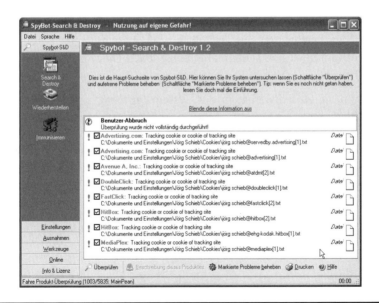

Mit kostenlos erhältlichen Programmen wie Spybot (www.sogehts
leichter.de/spybot) und Adaware (www.sogehtsleichter.de/adaware)
lassen sich diese Schnüffelprogramme aufspüren, beseitigen und
ihre Ausführung in Zukunft verhindern. Wichtig ist aber, die Programme stets auf dem neuesten Stand zu halten. Deshalb müssen Spybot
und Adaware ähnlich wie Virenschutz-Software regelmäßig auf den
neuesten Stand gebracht werden.

Die Programme bieten die Möglichkeit, sich über das Internet mit Aktualisierungen zu versorgen. Von dieser Möglichkeit sollte am besten
einmal die Woche Gebrauch gemacht werden.

364. Eingebaute Firewall

Oft ist im Zusammenhang mit einem wirkungsvollen Schutz gegen
Hackerattacken von der Installation einer Firewall die Rede. Experten
verstehen unter dem Begriff eine Kombination aus Regeln (was ist
erlaubt, was nicht) sowie geeigneter Hard- und Software, um diese
Regeln einzuhalten.

Wichtiger als das Einrichten einer Personal Firewall für den eigenen
PC ist es, Sicherheitslücken zu stopfen und beim Zugang ins Internet
umsichtig zu sein. Wer mag, kann darüber hinaus aber auch eine
Firewall aktivieren, um zusätzlichen Schutz zu erlangen. Windows XP
verfügt über eine serienmäßig eingebaute, allerdings arg reduzierte
Firewall.

Um sie zu aktivieren, in der Systemsteuerung unter *Netzwerkver-
bindungen* eine unter *LAN- oder Hochgeschwindigkeitsinternet*
aufgeführte Verbindung auswählen. Dann auf *Einstellungen* klicken.
Anschließend *Erweitert* auswählen. Hier lässt sich die in Windows XP
eingebaute Firewall aktivieren. Die Online-Hilfe gibt weitere Auskünf-
te zu den einzelnen Einstellungen.

365. Heimnetz ohne Firewall

Das Installieren einer Personal Firewall kann vor Hackangriffen und Schnüffelattacken schützen. Allerdings gibt es mitunter auch Schwierigkeiten: Wer beispielsweise die Personal Firewall von Symantec oder Norton Internet Security auf seinem Rechner installiert hat, muss die Firewall jedes Mal auf beiden Rechnern abschalten, wenn auf einen anderen Rechner im lokalen Heimnetzwerk zugegriffen werden soll.

Um das zu vermeiden, sollte das eigene Heimnetzwerk als *vertrauenswürdige Zone* definiert werden. Dazu im Bereich *Status & Einstellungen* innerhalb des Konfigurationsbereichs von Norton Personal Firewall auf *Persönliche Firewall* klicken, anschließend auf *Konfigurieren*. Im Register *Arbeitsgruppennetzwerk* dann das Register *Vertrauenswürdig* auswählen und *Hinzufügen* anklicken. Hier kann nun das gesamte lokale Netzwerk oder ein einzelner Rechner als vertrauenswürdig eingetragen werden. Nach Bestätigen lässt die Personal Firewall Datenverkehr mit diesen Rechnern zu.

366. Firewalls sind kein Allheilmittel

Computerwürmer wie Sasser oder Phatbot bewegen Computerbenutzer mitunter, noch mal über die Sicherheitsvorkehrungen am eigenen Rechner nachzudenken. Das ist gut. Weniger gut ist, dass viele Computerbenutzer immer noch glauben, eine Firewall – oder besser: Desktop oder Personal Firewall – wäre ein guter Virenschutz oder Wurmwächter.

Eine Desktop Firewall dient dazu, unerwünschten oder unerlaubten Datenverkehr zwischen PC und Internet (in beide Richtungen) abzublocken. Einige Würmer lassen sich damit tatsächlich abwehren. Doch einen soliden Virenschutz ersetzen Desktop Firewalls nicht. Im Gegenteil: Weil Desktop Firewalls nur dann gut arbeiten, wenn sie optimal eingestellt sind, irritieren sie unerfahrene Benutzer eher und wiegen viele in trügerischer Sicherheit.

Viel wichtiger als eine Desktop Firewall zu installieren, ist daher: a) regelmäßig Betriebssystem und Anwendungsprogramme zu aktualisieren, um eventuelle Sicherheitslücken zu schließen, sowie b) einen soliden Virenschutz zu installieren und diesen ebenfalls auf dem neuesten Stand zu halten. Das gilt für alle Betriebssystemwelten, aber insbesondere für Windows-Benutzer.

367. Schutz vor Dialern

In betrügerischer Absicht untergejubelte Einwählprogramme, so genannte 0190-Dialer, sind derzeit die mit Abstand größte Plage im Internet. Wer mit einem Windows-PC über eine Telefonverbindung (Modem oder ISDN) ins Internet geht, kann jederzeit Opfer der Netzbetrüger werden, da einem die Dialer oft unbemerkt untergejubelt werden. Macintosh-Benutzer sind weitgehend geschützt, da nahezu alle 0190-Dialer ausschließlich auf Windows-PCs laufen. Auch ist kein Linux-Dialer bekannt.

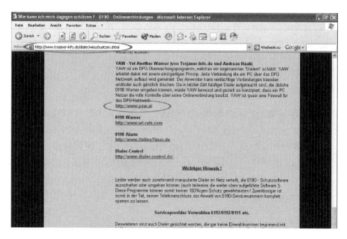

Schutz bieten geeignete Zusatzprogramme, die einen unerlaubten Zugriff auf eine teure 0190-Nummer erkennen, melden und abblocken. Eins der derzeit besten Programme ist YAW *(Yet Another Warner)*, eine Art Firewall für die DFÜ-Verbindung des PCs. Das unter http://www.trojaner-info.de kostenlos erhältliche Programm warnt zuverlässig, falls ein Abzockprogramm versuchen sollte, unbemerkt eine kostspielige Verbindung aufzubauen.

368. Dialerproblem mit DSL

Kostenpflichtigen Dialern wurde vom Gesetzgeber ein Maulkorb aufgesetzt. Sie müssen nun zwingend die Vorwahl 0900 verwenden. Sollten sie eine andere Rufnummer benutzen und/oder den Konsumenten nicht über die Kosten der Wählverbindung informieren, müssen die möglicherweise in Rechnung gestellten Gebühren nicht bezahlt werden. Mehr Informationen dazu finden sich unter www.dialerschutz.de.

Wer einen DSL-Anschluss benutzt, um online zu gehen, braucht sich gar keine Sorgen zu machen. Denn mit einer DSL-Leitung sind keine Wählverbindungen möglich. Selbst wenn sich ein PC einen Dialer einfängt, kann dieser keinen Schaden anrichten und so auch keine Gebühren erzeugen. Während einer Onlineverbindung ist das erst recht nicht möglich.

Einzige Ausnahme: Manche DSL-Modems verfügen über beides, DSL-Leitung und reguläre Telefonleitung, quasi als Backup (zur Sicherheit). In diesem Fall könnte ein Dialer dann doch zuschlagen. Im Zweifel die reguläre Telefonleitung einfach abstöpseln und nur im Notfall (wenn die DSL-Leitung tot ist) verwenden.

369. Schluss mit Spionage

Windows XP hat sich rasch den Ruf einer indiskreten Plaudertasche eingehandelt. Hintergrund: Microsofts neues Betriebssystem stellt immer wieder über das Internet eine Verbindung zu Microsofts Firmenrechner her. Mal sucht der Internet Explorer nach Aktualisierungen (Updates), mal informiert sich der Media-Player über neueste Musikstücke oder Windows XP liefert ungefragt Fehlerprotokolle ab.

Der Benutzer merkt davon kaum etwas. Wer solche Indiskretionen unterbinden oder wenigstens kontrollieren möchte, sollte das kostenlos erhältliche Zusatzprogramm XPAntiSpy (http://www.xp-antispy.de installieren. XPAntiSpy hilft dabei, im System die nötigen Einstellungen vorzunehmen, damit Windows XP diskreter wird.

370. Cookies im Griff

Die einen finden sie eher nützlich, die anderen befürchten, mit ihrer Hilfe ausspioniert zu werden: Cookies sind zwar praktisch, haben aber nicht unbedingt den besten Ruf. Dabei sind sie letztlich nichts anderes als auf der eigenen Festplatte gespeicherte Textdateien, in denen Webseiten ein paar Informationen speichern, um den Bedienkomfort zu erhöhen.

Wer stets darüber im Bilde sein will, welche Webseiten solche Cookies anlegen und was darin gespeichert ist, und außerdem volle Kontrolle über die auf der eigenen Festplatte angelegten Cookies haben möchte, der sollte das deutschsprachige Kontrollprogramm CookieSpanner benutzen. Die Software kann unter www.rogasoft.de kostenlos geladen werden und bietet jede Menge nützlicher Funktionen an.

371. Professionelle Diskretion

Den meisten dürfte mittlerweile klar sein: Beim Durchstöbern des World Wide Web hinterlässt man zahlreiche Spuren auf dem benutzten Rechner. Ob Verlaufslisten, Zwischenspeicher, Cookies oder für den normalen Benutzer unsichtbare Einträge in der Systemdatenbank Registry: Der Browser merkt sich so manches, was andere später ausspionieren können.

Wer die Spuren verwischen will, kann einiges mit der Hand löschen. Oder mit Spezialprogrammen wie *Internet Cleanup* von Ontrack oder *Norton Internet Security* von Symantec dasselbe auf Knopfdruck erledigen lassen. Solche Programme entfernen auf Wunsch alles von der Festplatte, was Rückschlüsse auf das Surfverhalten zulässt. Sie kosten im Fachhandel zwischen 20 und 35 Euro.

372. Surfspuren verwischen

Wer im World Wide Web surft, hinterlässt Spuren – nicht nur im Netz, sondern auch auf dem eigenen Rechner. Mit etwas Sachkenntnis lässt sich leicht rekonstruieren, welche Webseiten angesteuert worden sind – Zugang zum PC vorausgesetzt. Wer sich gegen solcherlei Spionage schützen will, sollte deshalb seine Spuren verwischen.

Dazu in der Systemsteuerung *Internetoptionen* auswählen. Danach auf *Dateien löschen* im Bereich *Temporäre Internetdateien* klicken und bestätigen. Außerdem noch auf *Verlauf leeren* klicken, um das Kurzzeitgedächtnis von Windows zu leeren. Wer auf Nummer Sicher gehen will, ruft den Ordner C:\Windows\Cookies auf. Dort alle Dateien mit Ausnahme von index.dat markieren und mit gedrückter [Shift]-Taste löschen. Einziger Nachteil: Manche Webseiten erkennen einen danach nicht mehr automatisch.

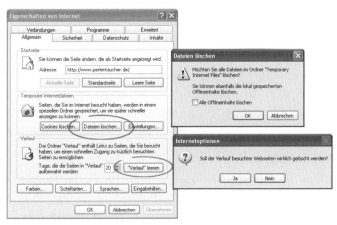

373. Passwortabfrage ohne Schutz

Ist in Windows die Passwortfunktion aktiviert, erscheint nach dem Rechnerstart eine Dialogbox. Nur wer einen Benutzernamen mit passendem Kennwort eintippt, bekommt Zugang zum PC. Eine trügerische Sicherheit. Denn wer bei der Passwortabfrage auf [Esc] drückt, überspringt die Kontrolle und bekommt sofort Zugang zum Rechner.

Nur bei Windows NT, Windows 2000 und Windows XP Professional Edition ist die Passworteingabe nach dem Booten zwingend, nicht jedoch bei den Konsumerversionen von Windows. Benutzername und Passwort dienen hier lediglich zur Identifizierung im Netz. Um das Windows-Passwort einzustellen oder abzuschalten, in der Systemsteuerung die Funktion *Kennwörter* auswählen und dann auf *Windows-Kennwort* ändern klicken. Bleibt das Feld für das Kennwort frei, verzichtet Windows künftig auf eine Kennwortabfrage nach dem Start.

374. Sicher ist sicher: Passwörter

Passwörter sind wie Schlüssel: Wer sie offen herumliegen lässt, handelt grob fahrlässig. Deshalb am besten gar nicht notieren. Mindestens an einem sicheren Ort verwahren und ganz sicher nicht Passwort drüberschreiben. Aber auch bei der Wahl des Passwortes sollten ein paar Tipps beherzigt werden. Wählen Sie niemals den eigenen Namen, auch nicht den von Ehepartnern, Kindern oder Haustieren.

Klassiker wie *Geheim, Passwort, Gott* oder *Kennwort* bieten ebenfalls keinen Schutz, ebenso wie Begriffe, die Fremde mühelos mit Ihnen in Verbindung bringen könnten. Auch die sind tabu. Ideal sind Kombinationen aus Wörtern und Ziffernfolgen, die durch ein Sonderzeichen wie # oder % miteinander verknüpft werden. Das erhöht die Sicherheit enorm. Auch wenn´s schwer fällt: Passwörter sollten regelmäßig wechseln.

375. Einfallsreiche Passwörter

Immer wieder müssen sich Computerbenutzer Passwörter ausdenken, die zum einen sicher, zum anderen aber auch leicht zu merken sein sollen. Ein einfacher, aber sehr wirkungsvoller Trick: Die Anfangsbuchstaben eines Sprichworts oder Ausrufs verwenden und dabei auch auf Groß- und Kleinschreibung achten. Aus *Der frühe Vogel pickt den Wurm* wird beispielsweise *DfVpdW*.

Ein Passwort also, das garantiert niemand so leicht errät – und auch von Knack-Software nicht ausgetüftelt werden dürfte, aber trotzdem einprägsam ist und sich bequem eingeben lässt. Wer nun auch noch einen Zusatz wie & anhängt, erfüllt die oft übliche Anforderung, dass auch Sonderzeichen und Ziffern im Passwort vorkommen müssen.

376. Passwort vergessen

Das passiert wohl jedem mal: Passwort vergessen. Sofern es sich dabei um das Passwort für Windows handelt, ist das äußerst problematisch. Denn im schlimmsten Fall ist dann kein Zugang zum PC mehr möglich, zumindest wenn es sich um das Master-Passwort mit Administrationsrechten (Admin) handelt. Aber die Festplatte formatieren und alles neu einrichten will natürlich auch niemand.

Ist auch nicht nötig. Wer den Rechner im so genannten abgesicherten Modus startet, kann das Passwort jederzeit ändern. Dazu nach dem Start die Taste [F8] drücken und auf den Anmeldebildschirm warten. Nun das Benutzerkonto *Administrator* auswählen. Anschließend in der Systemsteuerung doppelt auf *Benutzerkonten* klicken und das Benutzerkonto mit dem entfallenen Passwort auswählen. Durch einen weiteren Klick auf *Kennwort festlegen* lässt sich das Passwort neu eingeben. Eventuelle Warnhinweise an dieser Stelle einfach ignorieren.

377. Passwort sichtbar machen

Internetprogramme sind meist äußerst diskret: Beim Eintippen eines Passworts erscheint auf dem Bildschirm lediglich die entsprechende Anzahl an Sternchen als Platzhalter. Auch gespeicherte Kennwörter deuten die meisten Programme lediglich durch Sternreihen an.

Das Problem: Wer zum Beispiel sein E-Mail-Passwort vergessen hat, kommt nicht mehr ran. Ein kleiner Trick kann helfen, das eigentlich geheime Codewort zu rekonstruieren: Das kostenlos erhältliche Programm PantsOff (unter: www.sogehtsleichter.de/pantsoff) verrät, wofür die Sterne stehen. Einfach auf die kleine Lupe klicken und sie bei gedrückter Maustaste auf die Sternenreihe ziehen, schon erscheint das verborgene Passwort in Klartext.

378. Trügerische Sicherheit durch BIOS-Passwort

Wer seinen Rechner vor unberechtigtem Zugriff schützen will, richtet oft ein Zugangspasswort ein. Manche BIOS-Versionen bieten diesen Schutz bereits auf Systemebene an. Das Sesam-öffne-Dich muss dann gleich nach dem Einschalten eingegeben werden, noch bevor das Betriebssystem startet. Dieser Schutz gilt gemeinhin als sicher.

Doch der Schein trügt: Wer kurz die interne Batterie im Rechner entfernt, löscht so alle im BIOS gespeicherten Informationen, auch das Passwort. Danach ist ein ungehinderter Zugang möglich. Wer Rechner und Daten wirklich absichern will oder muss, sollte deshalb a) ein abschließbares Gehäuse verwenden und b) sensible Daten mit geeigneten Verschlüsselungsprogrammen chiffrieren. Nur das hilft.

379. Ohne Passwort ins BIOS

Das BIOS (Basic Input Output System) ist ein in jedem PC fest einge-bautes Programm, das unter anderem dafür sorgt, dass nach dem Einschalten das Betriebssystem seine Arbeit aufnimmt. Da Verän-derungen am BIOS mitunter folgenreich sein können, lässt sich der Konfigurationsbereich meist durch ein Passwort absichern.

Das Problem: Wer das Passwort vergisst (oder nicht kennt), kann nichts mehr ändern. Doch der Schutz lässt sich deaktivieren. Dazu unter Windows die Funktion *Ausführen* aufrufen und *Debug* einge-ben. Anschließend nacheinander die kryptisch wirkenden Befehle *-o 70 2e, o 71 ff* und *q* benutzen und einzeln mit [Enter] bestätigen. Da-nach ist der Passwortschutz aufgehoben. Aber vorher alle wichtigen BIOS-Einstellungen notieren!

380. Daten wegschließen

Manch einer muss sich mit der Home Edition von Windows XP be-gnügen – und vermisst möglicherweise die praktischen Sicherheits-funktionen, die in der komfortableren Professional Edition eingebaut sind. Mit einem Trick lassen sich aber auch in der Home Edition Datei-en absichern, damit nicht jeder darauf zugreifen kann.

Die betreffenden Dateien müssen dazu in einem komprimierten Ordner verstaut werden. Einfach einen komprimierten Ordner anlegen, die gewünschten Dateien markieren und sie in den Ordner ziehen. Anschließend die Funktion *Datei › Ein Kennwort hinzufügen* auswählen und den Ordner mit einem Kennwort schützen. Danach ist bei jedem Zugriff auf den Ordner grundsätzlich eine Passworteingabe erforderlich.

381. Funknetz absichern

Wireless LAN erfreut sich zunehmender Popularität. Doch die drahtlose Vernetzung birgt Sicherheitsrisiken. Damit sich kein Unberechtigter ins Funknetz einklinken kann, sollte nach der Installation der Name des Access Points verändert werden. Wer den vom Hersteller vorgegebenen Standardnamen beibehält, handelt fahrlässig.

Außerdem sollte mit Hilfe der Konfigurationssoftware auch das Versenden des Netzwerknamens (Broadcast) deaktiviert werden. So können Fremde nicht sehen, welches Funknetzwerk erreichbar ist. Um auf Nummer Sicher zu gehen, empfiehlt sich obendrein das Einrichten eines Zugangskennworts. Denn dann bekommt nur Zugang zum Funknetz, wer den Namen des drahtlosen Netzes kennt und zudem das richtige Passwort verwendet.

382. WLAN absichern

Das drahtlose Netzwerk *Wireless LAN* (WLAN) wird immer beliebter, in Büros wie in Privatwohnungen. Das Problem: Wer die Daten unverschlüsselt austauscht, muss damit rechnen, dass jeder in Reichweite des Funknetzwerks die Daten theoretisch mitlesen kann. Deshalb sollte grundsätzlich der Funkmodus WEP (Wired Equivalent Privacy) aktiviert werden, der für eine gewisse Diskretion sorgt.

Dazu die entsprechende Option in der Bedien-Software des Funkmodems aktivieren. Darüber hinaus müssen ein Schlüssel und eine Schlüssellänge gewählt werden. Je größer der Schlüssel, umso besser. 128 Bit sollten es heute schon sein. Außerdem empfiehlt es sich, den Schlüssel in regelmäßigen Abständen zu verändern.

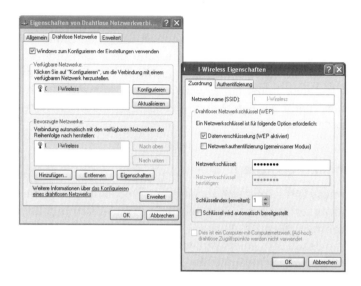

383. Werbung abschalten

Immer mehr Werbung im World Wide Web: Aufpoppende Reklame-
fenster, störende Werbebanner und blinkende PR-Animationen gehören zum Alltag des Datensurfers. Mit dem für private PC-Benutzer
kostenlosen Programm WebWasher Classic lassen sich solche störenden Elemente bequem ausknipsen.

Die unter www.webwasher.de erhältliche Software unterdrückt auf
Wunsch Pop-up-Fenster, knipst schillernde Animationen aus und
unterdrückt sogar Werbebanner. Das spart Zeit beim Laden der
Webseiten und räumt den WWW-Bildschirm auf. WebWasher sorgt
aber auch für die nötige Privatsphäre: Das Programm kontrolliert den
Datenfluss ins Web und sorgt dafür, dass keine indiskreten Informationen übermittelt werden.

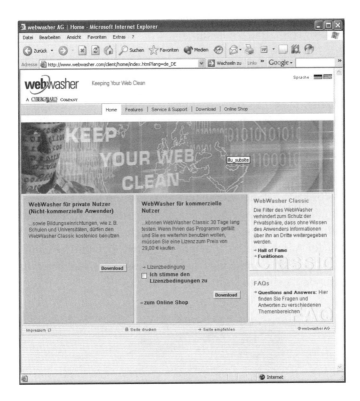

384. Nervende Spam-Fenster abblocken

Spam-Versender haben mal wieder eine neue Masche entdeckt, um Internetbenutzer mit Werbung zu überziehen. Eine *Nachrichtendienst* genannte Funktion in Windows macht es möglich, Fremden eine Nachricht zu schicken, die sofort auf dem Bildschirm erscheint. In Windows XP und 2000 ist der Nachrichtendienst serienmäßig aktiv, in anderen Versionen muss der Dienst explizit eingeschaltet werden.

Um den Service abzuschalten, mit der rechten Maustaste auf das Symbol *Arbeitsplatz* klicken und die Option *Verwalten* aufrufen. Danach in der rechten Fensterhälfte die Funktion *Dienste und Anwendungen* auswählen und die Option Dienste aufrufen. Anschließend

Doppelklick auf *Nachrichtendienste* und als *Starttyp* die Option *Deaktiviert* angeben. Danach ist Ruhe.

385. Schluss mit dem Werbemüll

Ob *Spam, Junk-Mail* oder *Müllpost* – eigentlich alles viel zu schmeichelhafte Begriffe für das zweifellos größte Ärgernis unserer Zeit: unverlangt zugeschickte E-Mails mit Werbung. Jeden Tag werden Millionen Briefkästen mit solchen Werbebotschaften zugestopft.

Zum Glück denken sich schlaue Köpfe immer wieder geeignete Gegenmittel aus, um der Werbeflut einigermaßen Herr zu werden. Doch Filter und Blockiersysteme funktionieren nur bedingt zuverlässig. Ein verblüffendes Konzept hingegen verbirgt sich hinter dem Angebot unter der Adresse www.spamgourmet.com. Denn hier kann jeder einen kostenlosen Service in Anspruch nehmen, der Spammern das Blut in den Adern gefrieren lässt.

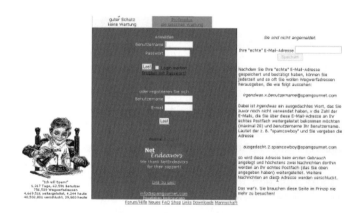

Spamgourmet.com leitet nämlich E-Mails an den eigenen Briefkasten weiter. Aber nur so oft, wie man es möchte. Soll der Onlineversand nur dreimal eine E-Mail schreiben dürfen: Kein Problem, das ist schnell erledigt. Die vierte E-Mail kommt garantiert nicht mehr an. Registrierte Benutzer können regelrechte „Wegwerfadressen" einrichten, die nach einer bestimmten Zeit ihre Gültigkeit verlieren. Klasse Sache.

386. Talentierter Filter für Werbepost

Unverlangt zugeschickte Werbebotschaften sind ein riesiges Ärgernis, vielleicht das derzeit größte im gesamten Internet. Ein von Cloudmark entwickelter Filter blockt die Spam genannten Nachrichten größtenteils ab. Die Idee: Mit Hilfe der unter der Adresse www.cloudmarg.com kostenlos erhältlichen Software schließen sich die Spam-Opfer zu einem wirkungsvollen globalen Netzwerk zusammen.

Sobald irgendwo eine neue Werbenachricht auftaucht, wird sie sofort in die von allen Cloudmark-Benutzern verwendeten Filter eingespeist – und so automatisch bei allen Benutzern abgeblockt. Spam-Mails landen in einem separaten Ordner. Die kostenlose Filter-Software wird als Ergänzung in Outlook installiert, eine Programmerweiterung für Outlook Express ist in Vorbereitung.

387. Vorzüglicher Spam-Filter

Wer seinen Briefkasten vor nervigen Werbenachrichten bewahren will, hat es heute schwer: Allzu leicht gerät die eigene E-Mail-Adresse in die windigen Verteiler der Massenversender. Spätestens dann helfen nur noch gut gemachte Filtersysteme, die einen möglichst großen Teil der Reklamepost automatisch herausfiltern.

Das klappt beim Mail-Dienst www.spamfreemail.de besonders gut. Registrierten Benutzern stehen 15 MByte Speicherkapazität zur Verfügung. Spamfreemail.de sammelt auf Wunsch auch die Post aus anderen E-Mail-Briefkästen ein und untersucht sie sorgfältig auf Spam. Spamfreemail.de ist Donationware: Jeder Benutzer bestimmt selbst, wie viel ihm der Dienst wert ist.

388. Spam vermeiden durch Wegwerfadressen

Es gibt viele Methoden, unerwünschte Spam-Mails zu vermeiden. Eine besonders wichtige ist, seine eigene E-Mail-Adresse so selten wie möglich bekannt zu machen. Das lässt sich natürlich nicht immer vermeiden, schließlich will man per E-Mail mit anderen kommunizieren. Doch auf weniger seriösen Webseiten sollte die eigene E-Mail-Adresse auf keinen Fall eingetragen werden.

Ein guter Trick ist es, eine Wegwerfadresse zu benutzen. Eine E-Mail-Adresse, die nur eine bestimmte Zeit lang gültig ist, wahlweise 24 Stunden bis 8 Tage. In dieser Zeit werden eintreffende E-Mails an das eigene, reguläre Postfach weitergeleitet. Danach nicht mehr. Vorteil: Man gibt nicht seine wirkliche Adresse heraus. Und wenn nach Ablauf der vorher eingestellten Frist weitere E-Mails eintrudeln sollten, laufen diese ins Leere.

Solche praktischen Wegwerfadressen gibt es kostenlos unter www.jetable.org. Die Benutzeroberfläche ist in Englisch, aber simpel zu bedienen. Einfach die eigene E-Mail-Adresse eintippen und einen Zeitraum auswählen, schon präsentiert Jetable eine zeitlich befristete E-Mail-Adresse, die für Sie reserviert ist.

389. Outlook filtert Junk-Mails

Eine der wichtigsten Neuerungen in Microsofts Outlook 2003 ist der serienmäßig eingebaute Spam-Filter. Er sortiert zumindest einen Teil der unerwünschten Reklamepost anhand unterschiedlicher Kriterien aus dem Poststrom heraus und leitet die Reklame in den eigens angelegten Ordner *Junk-Mail*. Der Filter funktioniert erstaunlich gut.

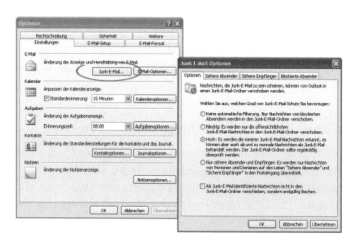

Um den Filter einzuschalten, im Menü *Extras* die Funktion *Optionen* aufrufen und das Register *Einstellungen* auswählen. Ein Klick auf *Junk-Mail*, und der Filter lässt sich an die eigenen Bedürfnisse anpassen. So kann man beispielsweise festlegen, wie streng die eingehende Post kontrolliert werden soll. Außerdem können E-Mail-Adressen hinterlegt werden, deren Post auf gar keinen Fall oder in jedem Fall gefiltert werden soll. Auf Wunsch verschiebt der Filter als Spam identifizierte Nachrichten nicht in einen Ordner, sondern löscht sie. Das birgt allerdings ein gewisses Risiko: In ungünstigen Fällen könnten auch Mails gelöscht werden, die keine Spam sind.

390. E-Mail-Adresse verstecken

Wer auf seiner Homepage die eigene E-Mail-Adresse veröffentlicht, etwa damit Besucher einem bequem per Mausklick eine Nachricht zukommen lassen können, sollte wissen: Spam-Versender sammeln öffentlich im Netz erreichbare Adressen, um sie mit unerwünschter Werbepost überhäufen zu können.

Durch einen Trick lassen sich E-Mail-Adressen so entstellen (maskieren), dass sie zwar korrekt auf der Webseite erscheinen und auch angeklickt werden können, für die automatischen Adressjäger aber unsichtbar bleiben. Unter www.sogehtsleichter.de/emailmaske lässt sich der kostenlose Verschleierungsservice der Firma Atrivio erreichen. Einfach E-Mail-Adresse eingeben, auf *Maskieren* klicken und das Ergebnis in die eigene Webseite einbauen.

391. Nicht am Spam-Filter scheitern

Die immer noch wachsende Flut an Reklamepost motiviert immer mehr Computerbenutzer, sich mit Spam-Filtern gegen die lästige Junk-Mail (Müllpost) zu wehren. Entweder indem sie entsprechende Filter bei den Mail-Providern verwenden oder indem sie spezielle Anti-Spam-Programme auf dem PC installieren. Das Problem: Spam-Filter blocken mitunter auch erwünschte Post, denn kein Programm kann mit hundertprozentiger Sicherheit erwünschte von unerwünschten Nachrichten unterscheiden.

Als Absender von E-Mails sollte man ein paar Regeln beachten, um vom Spam-Schutz des Empfängers nicht als Reklameversender diffamiert zu werden. Typische Erkennungsmerkmale für Spam-Filter, die Absender vermeiden sollten: Leere Absenderangaben ohne Namen, viel Großschreibung, häufige Verwendung von Leerzeichen, die Verwendung von vielen Schriften oder Farben, ein unkorrektes Sendedatum oder die Häufung bestimmter Wörter. Vieles davon lässt sich vermeiden – und macht eine E-Mail ohnehin besser lesbar.

392. Regelmäßig Daten sichern

Verantwortungsvolle Computerbenutzer sichern wichtige Date regelmäßig. Doch der Zeitaufwand ist groß, deshalb „vergessen" viele das Backup. Mit ein bisschen Organisation gehen Sicherheitskopien aber ganz leicht von der Hand. Einfach nur ein paar Tricks beherzigen.

1. Programme müssen nicht gespeichert werden, die lassen sich im Notfall von CD neu installieren.

2. Persönliche Daten in einem bestimmten Ordner speichern, zum Beispiel im Ordner *Eigene Dateien*. Der braucht dann nur einmal pro Woche auf eine wieder beschreibbare CD (CD-RW) geschoben zu werden. Das geht ganz leicht und auch ohne Spezial-Software. Am besten mit zwei CDs arbeiten, die abwechselnd benutzt werden. Falls eine ausfällt, ist immer noch die zweite da.

3. Wer auf Nummer Sicher gehen will, lagert einen Datenträger außerhalb der eigenen vier Wände.

393. Weg mit dem Datenmüll

Wer im Internet surft, häuft völlig unbemerkt jede Menge Datenmüll auf der eigenen Festplatte an. Denn jede Grafik, jeder Text und jede Multimediadatei wird für eine eventuelle spätere Benutzung zwischengespeichert. Doch das verlangsamt auf Dauer den Netzzugriff. Deswegen sollte dieser Zwischenspeicher (Cache) regelmäßig gelöscht werden.

Dazu im Internet Explorer auf *Extras* und dann auf *Internetoptionen* klicken. Nun auf das Register *Allgemein* klicken, um es in den Vordergrund zu holen (falls noch nicht geschehen). Der Datenmüll wird durch einen Klick auf die Schaltfläche *Dateien löschen* im Feld *Temporäre Internetdateien* gelöscht. Allerdings muss alles noch mit OK bestätigt werden. Das sollte regelmäßig gemacht werden. In den Internetoptionen lässt sich auch einstellen, wie lange der Browser die Daten aufbewahrt.

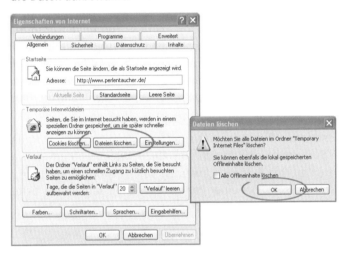

394. Löschen ohne Papierkorb

Wird auf einem Windows-PC eine Datei gelöscht, verschwindet sie nicht von der Festplatte, sondern wandert erst mal in den virtuellen Papierkorb. Erst nach Anwählen der Funktion *Papierkorb leeren* löscht Windows die Dateien wirklich – und gibt den Speicherplatz wieder frei. Erst dann kann auch kein Dritter die „gelöschten" Daten so ohne weiteres wieder zurückholen.

Sollen die Dateien grundsätzlich sofort getilgt werden, mit rechts auf den Papierkorb klicken und im Pop-up-Menü die Funktion *Eigenschaften* auswählen. Anschließend die Option *Dateien sofort löschen* aktivieren. Dateien werden dann künftig sofort gelöscht. Was allerdings auch das Wiederherstellen versehentlich gelöschter Dokumente erschwert – also Vorsicht. Sollen Dateien jedoch normalerweise erst im Papierkorb landen (damit sie dort bei Bedarf wieder herausgefischt werden können), muss die Standardeinstellung beibehalten werden. Wer sich seiner Sache ganz sicher ist, drückt gleichzeitig die [Shift]-Taste. Denn dann wandert die Datei ohne Umwege und auch ohne weitere Nachfrage im Datenorkus.

395. Systemdateien sichern

Leider kommt es vor, dass Programme die wichtige Systemdatei *Registry* verändern und es anschließend zu Systemfehlern oder Abstürzen kommt. Eine Reparatur der Systemdatei ist kaum möglich. Deshalb hilft nur eine regelmäßige Dateisicherung. Dazu im *Start*-Menü die Funktion *Zubehör › Systemprogramme › Sicherung* auswählen.

Im Dialogfeld auf *Erweiterter Modus* klicken und dann auf die Schaltfläche neben *Sicherungsassistent (erweitert)*. Im weiteren Verlauf *Nur die Systemstatusdaten sichern* wählen. Windows fragt nach, wo die Sicherheitskopie angelegt werden soll – das kann auch die eigene Festplatte sein. Bei einer Panne die Systemdateien mit demselben Programm wiederherstellen.

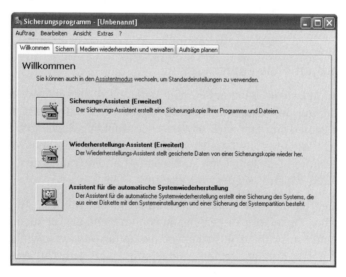

396. E-Mails und Dateien verschlüsseln

Das Thema Datensicherheit bekommt für immer mehr Computerbenutzer einen höheren Stellenwert. Sie wollen vertrauliche Informationen nicht ungeschützt auf der Festplatte speichern und schon gar nicht per E-Mail verschicken. Mit dem kostenlos erhältlichen Spezialprogramm *Pretty Good Privacy* (PGP), das es unter www.pgpi.com zum Herunterladen gibt, lassen sich Ordner, Dateien, aber auch E-Mails auf Knopfdruck sicher verschlüsseln.

Die Chiffriermethoden von PGP gelten gemeinhin als vorbildlich. Hier kann auch jeder einen kostenlosen öffentlichen Schlüssel hinterlegen, damit andere Internetbenutzer ihm verschlüsselte Nachrichten schicken können. Die Einarbeitung erfordert etwas Zeit, aber die Mühe lohnt sich.

397. Registry im Griff

Windows bietet unzählige Einstellmöglichkeiten. Sie werden ausnahmslos in der Registry gespeichert, der Systemdatenbank von Windows. Wer auf *Start* klickt und nach *Ausführen* den Befehl *Regedit* eingibt, bekommt Einblicke in die Registry und kann bei Bedarf auch Korrekturen vornehmen. Was allerdings einige Erfahrung und viel Sachkenntnis voraussetzt.

Viel praktischer ist die Software *Registry System Wizard* (RSW). Ein Programm, das es im Internet unter www.winfaq.de/master.htm kostenlos zum Herunterladen gibt. RSW erklärt die Bedeutung jeder einzelnen Option und hilft auch beim Konfigurieren. Außerdem erlaubt RSW, auf Knopfdruck Sicherheitskopien von der Registry zu machen.

398. Wie sicher ist mein PC?

Viele Computerbenutzer fragen sich – zu Recht! –, ob ihr PC ausreichend gegen Hackversuche und Schnüffelattacken von innen oder außen geschützt ist. Das lässt sich bequem herausfinden. Der Landesbeauftragte für den Datenschutz Niedersachsen bietet auf seiner Webseite einen praktischen Online-Test an: Einfach die Adresse chec k.lfd.niedersachsen.de in den Browser eingeben, die eigene IP-Adresse bestätigen, und der ausführliche Test kann beginnen.

Die Überprüfung erfolgt in mehreren Phasen und kann durchaus eine Weile dauern. Mancher Benutzer wird erstaunt sein, was sich über die Datenleitung so alles herausfinden lässt und welche Sicherheitslücken existieren. Der Test ist kostenlos und unverbindlich.

399. Ordner versteckt freigeben

In so genannten lokalen Netzwerken (LANs) lassen sich bequem Daten austauschen, auch zu Hause. Damit nicht alle auf der Festplatte gespeicherten Daten direkt ungehindert für alle verwendbar und sichtbar sind, hat jeder PC-Benutzer die Möglichkeit, individuell für jeden einzelnen Ordner zu entscheiden, ob er im Netzwerk auftauchen soll oder nicht. Netzbenutzer können nur auf freigegebene Ordner zugreifen.

Welche Ordner im Netz freigegeben wurden, lässt sich durch Aufruf der Funktion *Netzwerkumgebung* im *Start*-Menü oder im Windows Explorer in Erfahrung bringen. Wer nun einen Ordner freigeben möchte, der nicht in der automatischen Übersicht auftauchen soll (damit ihn nicht jeder sehen kann), muss als Freigabenamen eine Bezeichnung wählen, die mit einem $ endet, etwa *geheim$*. Vorteil: Nur wer den genauen Freigabenamen kennt und ihn über die Tastatur eintippt, kann dann auf den Ordner im Netzwerk zugreifen. Diese weitgehend unbekannte Funktion bietet also mehr Sicherheit.

400. Media-Player zum Schweigen bringen

Der in Windows serienmäßig eingebaute und bei PC-Benutzern auch sehr populäre Windows-Media-Player stellt in regelmäßigen Abständen eine Verbindung zum Microsoft-Server her. Welche Daten dabei im Einzelnen übermittelt werden, ist nach wie vor nicht genau geklärt. Wer diese Call Home genannte Funktion sicherheitshalber lieber abschalten will, greift zu einem einfachen Trick.

Dazu im *Start*-Menü die Funktion *Ausführen* auswählen und anschließend folgende Anweisung eintippen: *regsvr32 /u licdll.dll*. Eine Dialogbox bestätigt das Entfernen der entsprechenden Programmroutine. Von diesem Moment an ist der Windows-Media-Player nicht mehr in der Lage, unbemerkt Daten zu übermitteln. Ein schweigsamer Windows-Media-Player.

Stichwortverzeichnis